ESV

BUSINESS & SUCCESS

Manuel Hüttl

# Der gute Ruf als Erfolgsgröße

## Profitieren Sie von Ihrem Ansehen!

Erich Schmidt Verlag

**Bibliografische Information der Deutschen Bibliothek**

Die Deutsche Bibliothek verzeichnet diese Publikation
in der Deutschen Nationalbibliografie;
detaillierte bibliografische Daten sind im Internet über
dnb.ddb.de abrufbar.

**Weitere Informationen zu diesem Titel finden Sie im
Internet unter**

esv.info/3 503 08397 9

ISBN 3 503 08397 9

Alle Rechte vorbehalten
© Erich Schmidt Verlag GmbH & Co., Berlin 2005
www.ESV.info

Dieses Papier erfüllt die Frankfurter Forderungen
der Deutschen Bibliothek und der Gesellschaft für das Buch
bezüglich der Alterungsbeständigkeit und entspricht
sowohl den strengen Bestimmungen der US Norm Ansi/Niso
Z 39.48-1992 als auch der ISO-Norm 9706

Satz: Peter Wust, Berlin
Druck und Bindung: Strauss, Mörlenbach

# Vorwort

*Der Weg zum Ruhm geht
über Kreuzdörner.*

Sprichwort

„Ach ja, das sind doch der mit dem Blubb." ... „Hast Du mal ein Tempo zur Hand?"... „Ich muss mir noch einen Labello kaufen."

Nicht immer, aber immer öfter assoziieren wir im täglichen Leben scheinbar – ganz unbewusst – Markennamen, Personen oder Schlagworte mit bestimmten Bildern und Vorstellungen. Manche Begriffe haben sich sogar im gesellschaftlichen Leben fest internalisiert. Natürlich werden wir mit Werbung überhäuft und sie erreicht oft eine nachhaltige Wirkung. Es passiert immer wieder, dass wir uns mit einem bestimmten Produkt oder einer Person identifizieren. Aber auch die Macht der Gewohnheit beeinflusst unser Kaufverhalten. Oft ertappen wir uns, wenn wir ganz gezielt nach einem Produkt greifen, ohne zu wissen warum. Wozu sich auch Gedanken darüber machen? Manchmal sind es Bauchentscheidungen, manchmal fühlt man sich beim Kauf einfach wohl oder man wurde am Vortag von der tollen Werbung des Produkts überzeugt. Wenn wir uns also mal ganz bewusst zurücklehnen und überlegen, was uns wie in unseren Gewohnheiten beeinflusst, werden wir genauso auf überraschende Ergebnisse stoßen wie auf Selbstverständlichkeiten, die für uns das Normalste auf der Welt bedeuten. „Persil kauf ich schon seit Jahren ein – da schwört meine ganze Familie drauf."

Im Fernsehen lacht uns ein Erwachsener entgegen, der schon vor 30 Jahren als kleiner Junge bei Frau Müller seine „Storck Riesen" erworben hat und weckt in uns rührende Gefühle. Schließlich kennen wir alle solche Situationen. Der Mensch als Gewohnheitstier? In vielerlei Hinsicht ein deutliches „ja". Vertrauen und bewährte Qualität spielen für viele Verbraucher sicher eine große Rolle. Manchmal bestechen Produkte aber auch einfach in ihrer Funktionalität, sehen gut aus oder entsprechen dem Trend der Zeit. Fakt bleibt: Wie wir als Verbraucher Produkte, Personen oder Unternehmen wahrnehmen, bestimmt in einem hohen Maße unser Kauf- oder Investitionsverhalten. Es besteht also ein direkter Zusammenhang

*Der Mensch als
Gewohnheitstier*

zwischen beiden Größen. Wer es versteht die Wahrnehmungen der Anspruchsgruppen zu interpretieren und seine Geschäftsstrategie entsprechend ausrichtet, ist in einem klaren Vorteil gegenüber dem Wettbewerb. In der heutigen Zeit, wo Märkte immer enger zusammenwachsen und Produkte in Preis und Funktionalität kaum mehr zu unterscheiden sind, werden weiche Größen immer mehr zu einem Wertetreiber. Organisationen müssen in Zukunft vermehrt ein Augenmerk darauf legen, wie sie von außen und innen wahrgenommen wird. Der daraus resultierende gute oder schlechte Ruf hat einen erheblichen Einfluss auf Erfolg oder Misserfolg. Doch was kann ich als Unternehmer tun, um einen guten Ruf zu erhalten? Welche Stellschrauben gilt es zu drehen und wie kann ich meinen erworbenen Ruf kontrollieren und erhalten? Mit derartigen Fragen beschäftigt sich die Disziplin des Reputationsmanagements.

*Reputation als Erfolgsgröße*

Das vorliegende Werk soll Ihnen erklären, warum Reputationsmanagement keinen neuen „Marketing-Hype" darstellt, sondern längst zu einer ernst zu nehmenden Disziplin geworden ist. Dabei beschäftige ich mich mit den neuen Herausforderungen der Wirtschaft, erläutere Einfluss und Bedeutung von Reputation und stelle Ansätze vor, wie Reputation gemanagt werden kann. Dabei soll es nicht nur um unternehmensrelevante sondern auch individuelle Reputation gehen.

Reputationsmanagement ist keineswegs ein neues Thema. Der Annäherung zu einem allgemeingültigen Lösungsansatz liegen durchaus bekannte Methoden zu Grunde. Aber erst die jüngsten technischen Entwicklungen ergeben neue Perspektiven und Erkenntnisse. Vor allem die verbesserten empirischen sowie skalierbaren Evaluierungsmechanismen verleihen der Marketingdisziplin einen neuen Glanz. Diese Techniken liefern die Daten und Informationen, die das Fundament für die Entscheidungsfindung im Sinne des strategischen Managements darstellen. Die kausalen Zusammenhänge zwischen ermittelten Größen zu interpretieren und in einen kompetitiven Managementprozess zu integrieren stellt die Herausforderung dar, mit der die Protagonisten des Reputationsmanagements in der heutigen Zeit konfrontiert sind. Bis dato gibt es noch keine „ultima ratio" und Reputationsmanagement ist „per se" noch kein fester Bestandteil in der strategischen Unternehmensführung. In Folge dessen muss noch viel Aufklärungsarbeit geleistet werden – sowohl in der theoretischen als auch der praktischen Annäherung an das Thema. Der Diskurs mit Entscheidern aus den

Bereichen Marketing und Kommunikation untermauert diese Erkenntnis. Wenn in Zukunft der Einsatz standardisierter Methoden möglich sein soll, müssen Praktiker und Theoretiker praktikable Lösungen entwickeln, auf die rekurriert werden kann.

Das Ihnen vorliegende Buch stellt Ihnen Hintergrundwissen aus der Theorie und der Praxis zur Verfügung. Das Thema auf eine anschauliche Art und Weise der Leserschaft zu vermitteln, stand bei der Erstellung im Vordergrund. Verstehen Sie das Werk als einen Einstieg in die Disziplin Reputationsmanagement. Der Wandel in der Gesellschaft und der Wirtschaft zieht auch sukzessive ein Umdenken in der Unternehmensführung nach sich. Reputationsmanagement wird in Zukunft ein hoher Stellenwert beigemessen. Viele Unternehmen wissen schon heute, dass der gute Ruf ihr wertvollstes Anlagegut ist.

Stöttwang im Dezember 2004

*Manuel Hüttl*

# Inhaltsverzeichnis

Vorwort . . . . . . . . . . . . . . . . . . . . . . . . . . . . . . . . . .  5

1. **Haben Sie sich schon mal über Ihre Reputation Gedanken gemacht?** . . . . . . . . . . . . . . . . . . . . . . . . . 11

1.1 Neue marktliche Herausforderungen – Warum nimmt die Bedeutung der „weichen" Größen zu? . . . . 11
1.2 Der Wertverfall der Marke . . . . . . . . . . . . . . . . . . . . . 21
1.3 Kommunikation als Werttreiber . . . . . . . . . . . . . . . . . 28
1.4 Der Kunde im Fokus . . . . . . . . . . . . . . . . . . . . . . . . . 33

2. **Was heißt eigentlich, einen guten Ruf zu haben?**  43

2.1 Definition des Reputationsbegriffs . . . . . . . . . . . . . . 43
2.2 Abgrenzung . . . . . . . . . . . . . . . . . . . . . . . . . . . . . . . 52
2.3 Reputation als Wertetreiber . . . . . . . . . . . . . . . . . . . 83
2.3.1 Die Entstehung von Meinungsbildern . . . . . . . . . . . . 98
2.3.2 Die Rolle der Stakeholder . . . . . . . . . . . . . . . . . . . . . 101
2.3.3 Einflussgrößen . . . . . . . . . . . . . . . . . . . . . . . . . . . . . . 109

3. **Was bringt eine gute Reputation?** . . . . . . . . . . . . . . 127

3.1 Reputation als Stimulus? . . . . . . . . . . . . . . . . . . . . . . 127
3.2 Reputation als strategische Unternehmensgröße – Der Nutzen von Reputationsmanagement . . . . . . . . . . 129
3.3 Reputation als Kapital . . . . . . . . . . . . . . . . . . . . . . . . 138

4. **Gestaltungsansätze: Wie kann ein Unternehmen seine Reputation managen?** . . . . . . . . . . . . . . . . . . . 147

4.1 Information als Grundlage . . . . . . . . . . . . . . . . . . . . 159
4.2 Medienanalyse . . . . . . . . . . . . . . . . . . . . . . . . . . . . . . 161
4.3 Marktforschung . . . . . . . . . . . . . . . . . . . . . . . . . . . . . 170
4.4 Instrumente aus der Praxis . . . . . . . . . . . . . . . . . . . . 176

4.4.1 Reputation Quotient (RQ) – Marktforschungsinstrument ............................ 177
4.4.2 Market360 – Eine „Market-Intelligence"-Lösung ..... 179

**5. Vorsprung durch Reputation?** .................. 183

Literaturverzeichnis ................................ 185

Wichtige Quellen .................................. 187

Der Autor ......................................... 189

# 1. Haben Sie sich schon mal über Ihre Reputation Gedanken gemacht?

*Der reinste Schatz,*  
*den uns das Leben bietet,*              Shakespeare  
*ist fleckenloser Ruf.*

## 1.1 Neue marktliche Herausforderungen – Warum nimmt die Bedeutung der „weichen" Größen zu?

Die weltweiten Märkte sind derzeit härter denn je umkämpft und es fällt Unternehmern daher zunehmend schwer, wettbewerbsfähig zu bleiben. Auch der Wandel zu einer Dienstleistungsgesellschaft wirft bewährte Funktionsmechanismen über Bord – Entscheider müssen ihre Geschäftsprozesse neu ordnen und ihre zum Teil bewährte Strategien überdenken. Das Zusammenrücken der internationalen Märkte, ein Produktüberangebot und nicht zuletzt die zunehmende funktionale Gleichheit von Produkten und Dienstleistungen stellen Manager vor gewaltige Herausforderungen. Längst reicht es nicht mehr aus, klassische Kennzahlenbetrachtung zu betreiben. Sogenannte „weiche Faktoren" (intangible assets) müssen in Managementprozessen vermehrt berücksichtigt werden. Hinzu kommt, dass der Konsument und der Kunde immer unberechenbarer werden. Bei Kaufentscheidungen beispielsweise rückt die Ratio oft in den Hintergrund. Emotionen und Assoziationen leiten uns sowohl beim Einkauf im Supermarkt an der Ecke als auch bei der Auswahl von Geschäftspartnern. Sicherlich ist diese Entwicklung auch auf einen gesellschaftlichen Wandel zurückzuführen. Überlassen wir die Suche nach einer derartigen Erkenntnis aber lieber den Soziologen und widmen uns den facettenreichen „weichen Größen" im Kontext der strategischen Unternehmensführung.

*Weiche Größen gewinnen zunehmend an Bedeutung*

## Mit welchen neuen Herausforderungen sind wir konfrontiert?

*Neue Spielregeln bedeuten erhöhte Anpassungsfähigkeit*

Die Innovationszyklen des technologischen Fortschritts sind im Laufe der letzten Dekaden immer mehr zusammengeschrumpft. In sämtlichen Branchen hat das Tempo in Bezug auf Neuentwicklungen rasant zugenommen. Die Produkte und Dienstleistungen, die auf den Märkten eingeführt werden, sind nicht immer unbedingt von hohem Nutzen – was zählt ist die Entwicklungsgeschwindigkeit. Viele technologischen Entwicklungen und Investments sind in der jüngsten Vergangenheit zerplatzt wie eine Seifenblase. Was sich im Kontext der kurzen Innovationszyklen auf jeden Fall geändert hat, sind die Spielregeln. In hart umkämpften Branchen gilt das „first mover"-Prinzip. Ziel ist es, nach Möglichkeit der erste zu sein, der ein neues und innovatives Produkt einführen kann. Die Telekommunikation ist in diesem Kontext ein Paradebeispiel. Seit der Erfindung des Telefons hat sich in der Technologie der Sprachübertragung Jahrzehntelang herzlich wenig getan. Seit etwa 15 Jahren herrscht jedoch sowohl unter den einstigen nationalen Monopolisten als auch auf internationaler Ebene ein unglaublicher Wettbewerb. Es hat sich ein regelrechtes Hauen und Stechen um schnellere Übertragungsleitungen oder die höchstmögliche Benutzerfreundlichkeit entfacht. Vom Kupfer- zum Glasfaserkabel, von ISDN bis hin zu DSL oder Voice over IP. Dabei hat das Internet als revolutionäre Kommunikationsplattform ihr übriges geleistet – ganz zu schweigen von der unglaublichen Dynamik in der mobilen Telekommunikation.

*Kurze Entwicklungszyklen erfordern schnelle Reaktionen*

Vor gar nicht allzu langer Zeit war es unvorstellbar, seine Telefonrechnung von anderen Providern als der deutsche Post zu erhalten. Heutzutage murrt der Verbraucher schon, wenn ein bestimmtes „Feature" nicht im Handy enthalten ist, oder die Übertragungsgeschwindigkeit nicht seinen Vorstellungen entspricht. Die Entwicklungszyklen im Mobilfunk sind besonders kurz. Wer erinnert sich nicht mit einem Schmunzeln an die Tage zurück, als Geschäftsleute mit ihren schweren und unhandlich wirkenden mobilen Telefongeräte der ersten Generation in einem Restaurant eingelaufen sind. Heute machen die Verbraucher einen Schnappschuss mit ihrem Handy und versenden das Farbbild sogleich an eine Freundin – mit Grußtext und Melodie obendrauf. Und das zu Konditionen, dass selbst bereits Schulkinder in den Genuss der Vorteile der mobilen Kommunikationswelt kommen können. Der hart umkämpfte

Wettbewerb macht's möglich. Logisch – der Verbraucher wächst mit seinen Möglichkeiten. Was ihm der Markt bietet, wird er auch nutzen, wenn es seinen Wertevorstellungen entspricht. Und der Markt bietet mittlerweile so viel, dass Kaufentscheidungen immer schwerer werden.

Die Wirtschaft hat sich in den letzten Jahren so dynamisch verändert wie schon seit langem nicht mehr. Vielleicht lässt sich das Szenario noch am ehesten mit der einsetzenden Industrialisierung vergleichen. Damals warteten die Väter der Industrie in einem ähnlich rasantem Galopp mit Erfindungen auf, die das Leben der Menschen nachhaltig veränderten. Doch welche Faktoren bedingen den Wandel in der heutigen Wirtschaft? Welche Spielregeln gelten noch und wo müssen Unternehmen sich neu überdenken?

In den letzten Jahren haben sich insbesondere zahlreiche politische Veränderungen ergeben. Landesgrenzen sind verschwunden, gefestigte Systeme wurden revidiert, neue Allianzen sind entstanden. In diesem Zusammenhang wird immer von einem zunehmenden Globalisierungsprozess gesprochen. Vermeintlich klingt das ja zunächst positiv. Der Austausch von Gütern und Dienstleistungen wird also immer internationaler. Davon kann sich jedermann auf den Verkehrswegen in Europa ein signifikantes Bild machen. Der Fall vieler Landesgrenzen und vor allem der Zusammenschluss der europäischen Staaten konfrontierte viele Unternehmer mit völlig neuen Faktoren. Ein vermehrter und härterer Wettbewerb impliziert aber auch entsprechende Restrukturierungsmaßnahmen. Die Neuorganisation eines Unternehmens erfordert aber auf jeden Fall Zeit, Ressourcen und nicht zuletzt finanziellen Aufwand. Um auf neuen Märkten gegen eine internationale Konkurrenz bestehen zu können, schließen sich Unternehmen nicht selten zusammen oder akquirieren Firmen mit entsprechendem regionalen Know-how.

*Die Grenzen schwinden – globaler Wettbewerb nimmt zu*

▶ **Welchen neuen Herausforderungen gilt es sich zu stellen?**  `Leadership-Frage`

Staat und politische Vereinigung definieren in vielen Märkten die Rahmenbedingungen ebenfalls neu. Durch zunehmende Liberalisierungsmaßnahmen fallen zum Beispiel Gebietsmonopole weg. Deregulierungsmaßnahmen sind ein weiterer gewichtiger Faktor für verschärften Wettbewerb – bieten aber auch neue Geschäftsfelder. Die Verbraucher wurden vor allem von den Deregulierungsmaßnahmen im Energieversorgungs- und Telekommunikationsmarkt direkt tangiert. Zwar mussten sich die Konsumenten im „Tarifdschungel" unterschiedlicher Provider zurechtfinden, aber schlussendlich haben sich die Alternativen bei der Auswahl der Strom- und Telekommunikationsanbieter vor allem positiv auf die Geldbörse ausgewirkt. Der Markt wartete plötzlich mit neuen Unternehmen auf, welche die bisherige Nachfrage untereinander aufteilen mussten. Mit intensiven Marketingmaßnahmen wurde der Konkurrenz beim Abringen der Marktanteile der Kampf angesagt.

*Neue Kommunikationsfelder beschleunigen den Informationsaustausch*

Ein weiterer Punkt, der die Wirtschaft in den letzten Jahren massiv beeinflusst hat, sind die neuen Möglichkeiten der Kommunikation. Das Internet gilt dabei als revolutionäre Plattform. Die Übertragung von Audio-, Video, und Daten-Informationen von jedem Ort und zu jeder Zeit war in dieser Form bis dato nicht möglich. Doch seit der Internet-Boom Anfang der Neunziger eingesetzt hat, haben sich gewisse Gesetzmäßigkeiten und Spielregeln durchgesetzt. „Himmelhoch jauchzend zu Tode betrübt!"- so könnte die Entwicklung der sogenannten New Economy auf den Punkt gebracht werden. Eine Welle an Insolvenzverfahren von Unternehmen, die noch vor Monaten Höchstwerte an der Börse erzielten, hat die Informationstechnologie-Wirtschaft arg gebeutelt. Es gibt aber auch eine Kehrseite der Medaille: Zum ersten Mal mussten Jungunternehmer nicht zwingend den Gang zur Hausbank antreten, um die nötigen Mittel zur Finanzierung ihres Geschäftsmodells zu erhalten. Mit der New Economy sind Finanzierungsalternativen entstanden, die das konservativ geprägte Gebaren der Banken ein wenig aufgelockert haben. Ob über öffentliche Fördergelder oder Risikokapital-Geber, können Geschäftsgründer heutzutage tatsächlich ihren Traum von der eigenen Firma realisieren. Das stellt nicht nur einen gesamtwirtschaftlichen Nutzen dar, sondern ist einfach ausgedrückt ein Motivationsfaktor. Außerdem hat die erste e-Business-Welle – vielleicht unbewusst – für einen weiteren positiven Effekt gesorgt: Die Old Economy wurde wachgerüttelt und musste sich plötzlich mit neuen Prozessabläufen auseinandersetzen. Schließlich haben auch die großen und alteingesessenen Unternehmen mittlerweile erkannt, dass am e-Business wohl kein Weg mehr vorbeiführt. Kaum ein Unternehmen der Top 500 kommt heutzutage ohne die Integration elektronischer Prozesse aus. Richtig umgesetzt können dadurch nämlich enorme Einsparungen und Optimierungen erzielt werden. Übrigens war das bereits erwähnte „First-Mover"-Prinzip in der e-Business-Welle ganz besonders ausgeprägt. Den potentiellen

## Neue marktliche Herausforderungen

Entscheidern wurde aufgrund ihrer mangelnden Erfahrungswerte mit dem neuen Medium suggeriert, dass sie einen Wettbewerbsnachteil erhalten, wenn sie nicht in die neuen Technologien investieren würden. „The early bird catches the worm!" oder „Den letzten beißen die Hunde!" hätten die Motti lauten können. Bei den Investitionen wurden vor allem Themen wie Interoperabilität mit der bestehenden IT-Infrastruktur vernachlässigt, woraus zum Teil enorme Folgekosten resultierten. Nicht jede neue Technologie funktionierte so reibungslos mit den bestehenden Komponenten. Ein weiterer Pluspunkt, den die erste e-Business-Welle ans Tageslicht gerückt hat, ist die Besinnung auf die alten, sozusagen die „wahren Werte der Betriebswirtschaft". Im Unterschied zur ersten Investitions-Euphorie in die neuen Technologien wird in der zweiten e-Business-Welle ganz genau geprüft, ob sich die Anschaffungen auch tatsächlich rechnen. Die Unternehmen müssen sich mittlerweile wieder mit klassischen betriebswirtschaftlichen Argumenten beschäftigen. Return on Investment (ROI), Prozessanalyse, Total Cost of Ownership (TCO) oder Workflow-Optimierung stehen an oberster Stelle.

*„Der frühe Vogel fängt den Wurm"*

◆ **Besinnt man sich jedoch auf den eigentlichen Nutzen des Internets, so sieht man sich auch mit einem gewaltigen Datenumschlagsplatz konfrontiert.**

**Kernsatz**

Die Flut an Informationen in Echtzeit ist gewaltig. Die Wirtschaft wird durch diesen Prozess natürlich ebenso nachhaltig geprägt. Der Nachrichten- und Finanzdienstleister Reuters beispielsweise liefert heute pro Sekunde 2.500 Aktualisierungen seiner Daten. Der gesamte Informations- und Wissensstand der Menschheit verdoppelt sich nach Schätzungen der Experten alle vier Jahre. Dazu hatte es während der ersten Hälfte unseres Jahrhunderts noch sechzig Jahre gebraucht. Und in der Periode zuvor dauerte eine solche Verdoppelung noch mehr als 2000 Jahre. Informations- und Wissensaustausch sind offensichtlich zu elementaren Bestandteilen unserer Gesellschaft geworden. Wir erleben heute eine stetige Explosion kommunikativer Möglichkeiten und Kanäle. Diese Entwicklung findet insbesondere in den Medien ihren Höhepunkt. Der Einfluss der Medien ist mittlerweile so groß, dass Politiker gestürzt werden oder Gerüchte so gestreut werden, dass sie den Ruin von Unternehmen bedeuten können.

Die explosionsartige Zunahme an Information und Kommunikation hat natürlich auch zur Folge, dass sich gewisse Märkte dieser Instrumente bedienen. So hat sich speziell die Werbewirtschaft in den letzten Jahren zu einer mächtigen Branche entwickelt. Die Verbraucher werden regelrecht mit Werbung überschüttet, was in der Konsequenz in eine gewissen Sättigung mündet. Der Konsument wird der Werbung überdrüssig – er ist saturiert. Dennoch ist sie längst ein Teil unseres täglichen Lebens geworden. Werbung ist internalisiert.

*„Ad saturation" – Werbung bestimmt unseren Alltag*

Ein entscheidendes Kriterium für den Wandel in der Wirtschaft ist die Entwicklung in Richtung Dienstleistungsgesellschaft. Nie zuvor haben wir eine solche Menge an service-orientierten Organisationen verzeichnen können. Dabei hat sich die Qualität der Dienstleistung zum echten Wertetreiber entwickelt. Das Handeln mit Dienstleistungen unterliegt anderen Gesetzmäßigkeiten als denen der Produktionswirtschaft. Je nach Branche und Geschäftsfeld sind Erfolge schwerer zu messen, weil sie nicht direkt in verkauften Stückzahlen gerechnet werden können. Das induziert auch ein diffizileres Management – im Dienstleistungssektor sind weiche Größen wie zum Beispiel Kundenservice von großer Relevanz und mitunter ein echtes Erfolgskriterium. Kalkulation, Controlling und Evaluierung werden zu einer entsprechenden Herausforderung. Speziell im Dienstleistungsbereich sind jedoch diverse Kontrollinstrumente, auf denen ein effizientes Management fußt, noch lange nicht ausgeschöpft.

**Longfellow**

*Wir beurteilen uns danach,
was wir leisten können, während uns andere danach
beurteilen, was wir bereits geleistet haben.*

*Dienstleistung als Erfolgsfaktor*

Sowohl die Entwicklung hin zur Dienstleistungsgesellschaft als auch die zunehmende Verschmelzung von Produkten hebt den Kampf um die Gunst des Kunden auf ein neues Niveau an. Der Kunde selbst – seine Gewohnheiten, sein Kauf- und Investitionsverhalten – stehen mehr denn je im Vordergrund. Dabei machen seine sich stetig ändernden Bedürfnisse eine zeitgerechte Reaktion nicht immer leicht. Der Kunde ist ob der Flut an Angeboten in allen Segmenten in Bezug auf seine Kaufentscheidungen sensibler geworden. „Computer werden heutzutage nicht mehr nur gekauft, weil sie eine hohe Prozessorleistung haben oder eine Top-Performance bieten. Für den Verbraucher stehen Return on Investment (ROI) und die Total Costs of Ownership (TCO), also die Unterhaltungskosten, im Vordergrund. Aber auch andere Kriterien wie Größe, Design oder emotionale Ansprache können ein Kaufkriterium sein," argumentiert Al E. Sisto, Vorstandsvorsitzender des Softwareherstellers Phoenix Technologies auf deren BIOS-Lösung fast jeder Computer aufgebaut ist.

Wo also die Unterscheidungsmerkmale von Produkten immer mehr zusammenwachsen, und der Kunde beim Kaufprozess mit diversen Angeboten bestens bedient ist, gewinnen andere Faktoren an Gewicht und mutieren zu Entscheidungskriterien.

Fassen wir also an dieser Stelle noch einmal zusammen: Die Wirtschaft befindet sich in einer Phase des Wandels. Von konjunkturellen Schwankungen einmal abgesehen, definieren sich die wichtigsten Punkte in diesem Zusammenhang wie folgt:

**Kernsätze**

- **Internationale Öffnung der Märkte (Globalisierung)**
- **Liberalisierung und Deregulierung**
- **Neue Kommunikationsfelder**
- **Entwicklung in Richtung Dienstleistungsgesellschaft**

Der Wandel, dem die Wirtschaft derzeit unterliegt, erzeugt einen Transformationsdruck auf alle Organisationen. Wir müssen uns an neue Umstände anpassen, oder uns gegebenenfalls sogar reorganisieren. Sowohl die zunehmende Internationalisierung als auch die Liberalisierungs- beziehungsweise Deregulierungsmaßnahmen offerieren ein neues Kundenpotential, das es auszuschöpfen gilt. Ebenso bieten die neuen Kommunikationswege und -instrumente nicht nur Platz für neue Geschäftsideen – vielmehr können wir durch das Nutzen der elektronischen Datenübertragung ihre Prozesse optimieren oder Kosten einsparen.

**Leadership-Frage**

▶ Wie sollen wir mit den neuen Gegebenheiten und Marktbedingungen umgehen?

Die Erfahrungen aus der Entwicklung der New Economy machen quasi eine „Rückbesinnung" auf alte betriebswirtschaftliche Werte notwendig. Bei Neuanschaffungen und anderen Investitionen müssen Entscheider ROI- oder TCO Betrachtungen im Fokus haben.

Wirtschaftliches Handeln unterliegt dem Vernunftprinzip – eine konservative Kennzahlenbetrachtung nimmt in der strategischen Entscheidungsfindung wieder die zentrale Rolle ein.

Nicht zuletzt die Entwicklung hin zur Dienstleistungsgesellschaft hat aufgezeigt, wie wichtig Kundenservice und -bindung sind. Kaum ein Großunternehmen kann in der heutigen Zeit auf eine Kunden-Hotline verzichten. Viele Organisationen greifen auf Direkt- oder Dialog-Marketinginstrumente zurück, um ihre Produkte und Dienstleistungen so kunden- und bedarfsgerecht wie möglich zu vermarkten. Customer Relationship Management ist in aller Munde. Softwareschmieden bieten komplette Lösungen an, die da, die dabei helfen sollen, Gewohnheiten und das Verhalten der Kunden besser kennen zu lernen und die Angebote entsprechend anzupassen und aufzubereiten, um schlussendlich einen Mehrumsatz zu generieren.

Die Veränderung der Rahmenbedingungen macht auch eine neue Auffassung der Vermarktung notwendig. Um auf neu definierten Märkten gegen nationale und internationale Konkurrenz bestehen zu können, müssen Unternehmen ihre Stakeholder (= Anspruchsgruppen/Interessensgruppen eines Unternehmens z. B. Kunden, Anteilseigner, Geschäftspartner, Investoren etc.) mehr denn je überzeugen und langfristig binden. Gerade weil die Konturen der Unternehmen durch die Veränderung in Ausrichtung und Organisation unscharf werden, erhöht sich die Notwendigkeit eindeutiger Signale an Kunden, Partner, Financial Community, Öffentlichkeit und Mitarbeiter. Diese Signale können sowohl die rationalen als auch die emotionalen Empfindungen der Stakeholder ansprechen. Ziel muss es also sein, die Anspruchsgruppen in ihrer Wahrnehmung zu Gunsten des eigenen Produkts oder der eigenen Dienstleistung nachhaltig positiv zu beeinflussen.

*Unternehmen müssen klare Signale senden*

**Shakespeare**

> *Wir wissen, was wir sind,*
> *aber wir wissen nicht, was wir*
> *sein könnten.*

Wir leben also offensichtlich in einer Zeit, in der Produkte, Dienstleistungen und Märkte immer mehr zusammenwachsen. Eine konkrete Trennung zwischen den Produkten fällt oft schwer, weil sich Preis, Qualität, Technologie oder spezifische Produkteigenschaften nur marginal unterscheiden. Daher wird vermehrt die Wahrnehmung von Unternehmen in der Öffentlichkeit zum entscheidenden Kaufkriterium. *Wie positiv oder negativ assoziiert meine Zielgruppe mich oder mein Produkt?* Themen wie Umweltfreundlichkeit, Krisenmanagement oder die Reaktion auf Kundenwünsche, die das Kundenverhalten entsprechend beeinflussen – unter Umständen auch nur im Unterbewusstsein – rücken in den Vordergrund. Die Wahrnehmung meiner Ziel- und Anspruchsgruppen wird zu einem zentralen Wettbewerbsfaktor. Im Kontext der neuen Marktgegebenheiten gilt daher Reputation als ein entscheidendes Kriterium in Bezug auf die Differenzierung von Unternehmen.

Im folgenden beschreibe ich nochmals kurz die Gründe für die neue Marktsituation:

▶ Mit welchen Herausforderungen bin ich heutzutage konfrontiert? *Leadership-Frage*

### Informationsverfügbarkeit

Die Zunahme an Informationsquellen und die Möglichkeiten der Kommunikation über Print-, A/V-, Online-Medien und das Internet, erschweren der Öffentlichkeit eine klare Unterscheidung in Bezug auf die Qualität von Produkten und Dienstleistungen. „Eine Informationsgesellschaft braucht und kann ihre Informationsflut nicht eindämmen oder gar drosseln. Unsere hochentwickelten Informationstechnologien und unser Demokratieverständnis würden ein solches Vorhaben *ad absurdum* führen. Die Informationsgesellschaft muss daher erstens ihre Informationsflut in ökonomischer Weise organisieren und zweitens auf einfache (nicht simple!) Art Bedeutungszuweisungen ermöglichen. Nur so können Vielfalt und Komplexität auf ein verständliches und sinnvolles Maß reduziert werden, um eine größtmögliche „Informiertheit" zu gewährleisten." *(Landsch, S. 220)*

Die Positionierung von Kernbotschaften wird zunehmend schwieriger. Der Bedarf an Kommunikationsmitteln, die ein Unternehmen von seiner Konkurrenz eindeutig abheben, nimmt zu.

*Kommunikation als strategische Größe verstehen*

### Globale Liberalisierung

Der zunehmende wirtschaftliche Wettbewerb auf internationaler Ebene bedingt eine Öffnung traditionalistischer und fragmentierter Märkte. Es bedarf eines systematischen Aufbaus einer entsprechen-

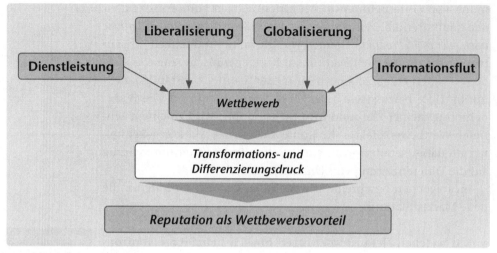

Abbildung 1:
Eine positive Reputation erzeugt Wettbewerbsvorteile

den Wahrnehmung von Konsumenten und Regierungen, um in globalen Märkten bestehen zu können.

### Produktspezialisierung

Der Wandel in Richtung globale Märkte zwingt Unternehmen zu Fusionen und Akquisitionen, um in ihren entsprechenden Branchen wettbewerbsfähig zu bleiben. Produktionsprozesse werden rationalisiert und Produkte auf bestimmte Nischen und Bedürfnisse zugeschnitten. Wenn Produkte und Dienstleistungen in ihren Werten klarer zu unterscheiden sind, werden sie auch eindeutiger von der Öffentlichkeit wahrgenommen.

*Produkte müssen den „Zahn der Zeit" treffen*

### „Media-Manie"

In den letzten Jahren haben die Medien ihren Einfluss in der Gesellschaft entscheidend ausgebaut. Die Öffentlichkeit vertraut den Medien wie nie zuvor. Das überträgt sich auch auf die Wahrnehmung der Konsumenten. Manager beispielsweise, die im Rampenlicht stehen, werden mit ihren Unternehmen sowohl positiv als auch negativ assoziiert und beeinflussen somit möglicherweise indirekt oder direkt das Verhalten der Verbraucher.

**Werbungsüberfluss**

Von Plakatwerbung über Radio- und Fernsehwerbung bis hin zu Prospektverteilung – der Konsument wird überfüllt mit den Kernbotschaften diverser Hersteller. Folglich sind die Sensoren der Wahrnehmung nicht mehr so scharf und die Verbraucher reagieren nicht mehr so signifikant auf Werbung, wie es früher der Fall war.

In der Konsequenz benötigt die Wirtschaft also neue und effiziente Instrumente, mit Hilfe derer es möglich ist, die Reputation meines Unternehmens, meiner Produkte oder von mir selbst so zu beeinflussen, dass ein positives Ergebnis erzielt wird – ob als monetäre Umsatzgröße oder im Kontext des generellen Unternehmenswerts (siehe Abbildung 1).

## 1.2
## Der Wertverfall der Marke

*Bewundert viel und viel gescholten.*     **Goethe**

Die Marke stellt eine wichtige Größe in der unternehmerischen Wertschöpfungskette dar. Mit einer Marke kann eine entsprechende Qualitätsstufe verbunden werden, die den Verbraucher zufrieden stellt. Ein bestimmtes Markenimage schafft in Bezug auf die Angebote der Konkurrenz eine gewisse Distanz. Der Konsument wird von einem unnötigen Entscheidungsaufwand entlastet – der gezielte Griff zur vertrauten Marke erleichtert das Einkaufen. Marken verkörpern bestimmte Assoziationen, zum Beispiel mit Werten, Lebenseinstellungen oder bestimmten Sichtweisen, die der Verbraucher bewusst oder unbewusst empfindet. In den 60ern beispielsweise wurde der legendäre „Mini" von Rover eingeführt. Seitdem verbinden die Verbraucher ein ganz besonderes Fahrgefühl für das kleine Automobil, das seit jeher – außer von der Größe einmal abgesehen – nicht allzu viele Vorzüge geboten hat. Apple hat mit seinen „Macs" ein Image geschaffen, das für besondere Kreativität und Individualität steht. Und das nicht unbedingt nur, weil speziell Designer und Grafiker die Vorzüge des „Macs" genießen.

Mit Markenartikeln wird schon immer ein gewisser Status ausgedrückt. Nobel- oder Designermarken drücken ein bestimmtes Statement des Besitzers aus. Entweder ist er tatsächlich vermögend oder

*Marken rufen Assoziationen hervor*

er gibt es vor zu sein. Für den einen bedeutet es einen ganz persönlichen Luxus – der andere genießt einfach die hohe Qualität der Produkte. Und dem nächsten ist vor allem die persönliche Wahrnehmung in der Öffentlichkeit wichtig. In diesem Zusammenhang gilt es meist zu zeigen, was man hat und wer man ist. Hier setzen Verbraucher Marken zur reinen Selbstinszenierung ein. Die Marke verkörpert Selbstverwirklichung oder Identifikation mit persönlichen Werten.

*Marken verkörpern bestimmte Werte*

Bei der Definition der Marke ist jedoch Vorsicht geboten: Es gilt zwischen einer Trademark (Namensbezeichnung eines Unternehmens oder eines Produktes) und einer Marke zu unterscheiden. Trademarks werden durch Buchstaben, Nummern, Wörter oder einer Mixtur definiert. Zum Beispiel Channel No. 5, RTL, Toshiba oder RSA Security. Erst die funktionalen und emotionalen Werte machen jedoch eine Trademark zu einer Marke.

Werte einer Marke können sich wie folgt unterscheiden:

*Funktionale Werte (Ratio)*
- Leistung
- Qualität
- Benutzerfreundlichkeit
- Inhalte

*Emotionale Werte (Emotio)*
- Integrität
- Vertrauen
- Glaubwürdigkeit
- Farbe und Aussehen

**Welche Funktionen sollte eine Marke erfüllen oder aber was soll sie unbedingt verkörpern?**

Mit dem Griff zu eine bestimmten Marke verringere ich die Gefahr, ein Produkt zu kaufen, das nicht meinen Vorstellungen oder Erwartungen entspricht. Das Risiko wird auf diese Art und Weise minimiert – und ich kann etwaige Qualitätsabstriche vermeiden. Dabei prägen mich zum Beispiel Attribute, die ich aufgrund von Erfahrungen, Werbung oder Gewohnheiten entsprechend assoziiere. Das verhindert den Kauf der sogenannten „Katze im Sack". Wenn ich das Produkt bereits kenne, kann ich es mit Vorstellungen verbinden. Ich weiß, ob es meinen Erwartungen entspricht. Oder

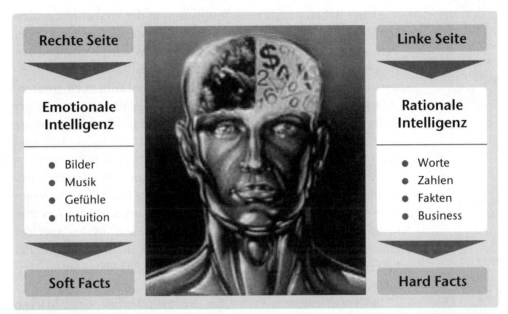

Abbildung 2:
Rechte versus linke Gehirnhälfte

aber ich habe es in der Werbung gesehen und möchte es unbedingt einmal ausprobieren.

Marken liefern Informationen, beispielsweise über bestimmte Produkte, Hersteller oder Herkunftsangaben. Ein Markenname wird jedoch erst durch gewisse Werte zu einer echten Marke. Hier wird zwischen rationalen und emotionalen Werten unterschieden. Die rationalen Werte werden über die linke Seite des Gehirns erkannt, während die rechte Hirnseite die emotionalen Werte aufnimmt (siehe Abbildung 2).

*Emotionalität und Ratio*

Idealerweise befinden sich die beide Seiten in einem gewissen Gleichgewicht. Markenprodukte sollen rationale und emotionale Empfindungen auslösen, die in einem Gleichgewicht stehen. Eine starke Marke zeichnet sich dann aus, wenn in der Wahrnehmung des Konsumenten eine signifikante Produktleistung auf der rationalen Ebene in Kombination mit einem begehrlichen Image auf der emotionalen Seite ausgelöst werden. Aber gerade beim Bedienen der emotionalen Werte haben Marketingexperten in der Vergangenheit immer wieder den Bogen überspannt. Und im rationalen Bereich ist der Konkurrenzkampf schier aussichtslos. Ein Überangebot an Produkten zu ähnlichen Preisen erschwert den Entscheidungsprozess zunehmend.

Daher stellen immer neue Innovation in der Werbebranche den Schlüssel zum Erfolg dar. Über innovative Marken die Emotio der Verbraucher ansprechen, lautet das Ziel. Widersprüche bewusst streuen oder provokative Elemente einfließen lassen – selbst konservative Werbeagenturen kennen heutzutage kaum noch grenzen. „Ich bin doch nicht blöd!" oder „Geiz ist geil!" sollen an dieser Stelle als Beispiele ausreichen. Offensichtlich ist also beispielsweise Geiz sozial akzeptiert. Stellen demnach also Bescheidenheit und Sparsamkeit tatsächlich die neuen Prinzipien des Konsums dar?

Zweifelsohne hat auch die derzeitige gesamtwirtschaftliche Situation eine entsprechende Auswirkung auf die Marke. Die Verbraucher sind speziell in Zeiten der Rezession zurückhaltend was ihre Konsumgewohnheiten angeht. Ist die Konjunkturflaute aber der einzige Grund dafür, dass sich Billiganbieter wie IKEA, H&M oder Lebensmittel-Discounter wie Aldi und Wal-Mart über enorme Umsatzzuwächse freuen?

*Überangebot macht der Marke das Leben schwer*

Ein entscheidender Faktor für den Statusverlust vieler Marken ist sicherlich das Überangebot. Denken wir nur einmal an die Markenschwemme mit der stets wachsenden Zahl an Markenprodukten unterschiedlicher Familien. Wer sich heute eine Zahnpasta in einem Drogeriemarkt kaufen will, kann ein Lied davon singen. Geschmacksrichtungen, Preis, Verpackung – ja sogar im Design sind sich die einzelnen Zahnpasta-Tuben so ähnlich, dass signifikante Unterschiede kaum noch möglich sind. Selbst die Stiftung Warentest muss mittlerweile in jeder Ausgabe konstatieren, dass sich die Produkte in ihren Leistungen kaum noch signifikant unterscheiden. Waren sind in ihrer Beschaffenheit und in ihrem Nutzen zunehmend austauschbar. Selbst in punkto Qualität sind die feinen Nuancen für den Endverbraucher nicht mehr zu unterscheiden.

*Qualität allein reicht nicht aus*

Betrachten wir in diesem Zusammenhang beispielsweise Ergebnisse einer Befragung in Bezug auf die Eigenschaften vier unterschiedlicher Zahnpasta-Hersteller (siehe Abbildung 3). Gefragt wurde nach den Assoziationen, die mit den jeweiligen Marken verbunden werden. Es ist deutlich zu erkennen, dass die einzelnen Eigenschaften wenig signifikant voneinander differieren. Dies soll beispielhaft skizzieren, dass Produkte und Marken auch in ihrer Funktionalität immer mehr zusammenrücken. Eine klare Unterscheidung, die eindeutig für eine bestimmte Marke steht ist immer schwieriger auszumachen.

# Der Wertverfall der Marke

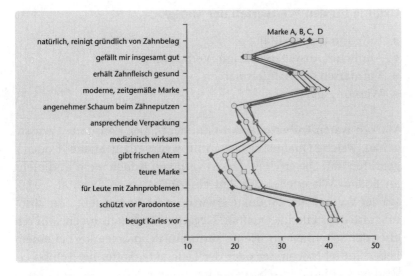

Abbildung 3: **Produktbotschaften vermischen sich**

Die Markenartikler selbst sehen jedoch keinen Ausweg aus der aktuellen Situation. Billig kaufen ist nichts mehr, wofür sich der Verbraucher schämen muss – im Gegenteil. In diesen Zeiten gilt ein erfolgreicher „Schnäppchenjäger" als angesehenes Mitglied unserer Gesellschaft. Der Druck auf die Marke nimmt durch diese Entwicklungen jedoch auch drastisch zu. Die Werber und Markenpioniere flüchten sich vor allem in Richtung Innovation. Doch wenn immer neue Produkte in einer solchen Dynamik den Markt regelrecht überschwemmen, drängt sich der Verdacht auf, ob die alten Artikel dem Verbraucher tatsächlich noch das geben, was er braucht. Offensichtlich sehnt sich der Konsument nach neuen Erfahrungswerten und Anreizen. Der Wunsch nach Abwechslung ist heute stärker als die Bindung an die Marke. Schließlich gilt es die unterschiedlichsten Kundenwünsche zu befriedigen. Früher galt es als verpönt auf vielen Hochzeiten gleichzeitig zu tanzen. Heute muss die Marke flexibel sein. Da kommt es schon mal vor, dass eine Chips-Marke in den unterschiedlichsten Variationen auftritt – und sei die Geschmacksrichtung noch so weit hergeholt. Der Kunde will's – der Kunde bekommt's!

*Der Verbraucher wird immer anspruchsvoller*

**Gründe für den Wertverfall der Marke:**

- Inflation der Qualität
- Ähnliches Aussehen (Design, Verpackung)
- Vormarsch der Handelsmarken
- Werbungsüberfluss

Marken waren früher eine Art Gütesiegel. Der Konsument wusste genau, welche Qualität er bekommt, wenn er zur Marke X oder Y gegriffen hat. Die großen Marken verlieren jedoch mehr und mehr an Boden. Wir erleben zur Zeit eine Inflation an Qualität – egal, wo der Verbraucher Produkte erwirbt, er erhält meistens eine absolut zufriedenstellende Qualität. Negative Kauferfahrungen gehören eher der Seltenheit an. Heute kann ein PC problemlos bei einem Lebensmittel-Discounter oder der Lederaktenkoffer bei Tchibo erworben werden. In Sachen Qualität nimmt der Kunde kaum noch einen Unterschied wahr. Tatsächlich werden die Waren in ihrer Beschaffenheit und in ihrem Nutzen zunehmend austauschbar. Und für die Hersteller ist es ganz einfach: Was sich bewährt hat, wird kopiert. Es ist also evident, dass im Zuge dieser Entwicklung die einst große Marken ins Hintertreffen geraten. Speziell dann, wenn die gleiche Qualität für einen signifikant günstigeren Preis zu haben ist.

*Gute Marken werden kopiert*

Früher war eine Marke an der Verpackung und am Design deutlich erkennbar. Wenn der Verbraucher heute vor einem Suppenregal steht, muss er schon genau aufpassen, zu welchem Produkt er greift. Die Unterschiede in Bezug auf die Optik vergleichbarer Produkte sind marginal. Fast jedes Produkt sieht wie eine Marke aus. Der Verbraucher wird von Markenartikeln regelrecht überschwemmt – und die Marke, die gewisse Eigenschaften und Produktqualität in sich vereint hat und deren einzigartiges Design in den Köpfen der Käufer verankert war, droht im Markenmeer unterzugehen.

*Vertrauen gilt mehr dem Anbieter als der Marke selbst*

Ein weiterer wichtiger Punkt ist die Orientierung des Verbrauchers an der Quelle und nicht mehr an der Marke – das Vertrauen gilt dem Händler. Nicht ohne Grund haben Billigketten wie Wal-Mart, IKEA, Aldi oder H&M Zulauf wie nie zuvor. Das Preis-Leistungs-Verhältnis steht im Vordergrund und hier präsentieren sich die Discounter schier konkurrenzlos. An dieser Stelle fließen auch vertriebspolitische Aspekte mit in die Betrachtung ein. Der Discounter stellt nämlich seine eigenen Handelsmarken her, die er in seinen eigenen Ketten verkauft. Die Markenhersteller rücken somit in den Hintergrund und verlieren ihre dominante Rolle von einst. Aufgrund des Geschäftserfolgs expandieren solche Ketten gerade auch in wirtschaftlich schwierigen Zeiten und sichern sich nach und nach mehr Marktanteile. Für den Verbraucher scheint es offensichtlich (fast schon) sekundär zu sein, ob eine Handelsmarke oder ein etabliertes Produkt im Regal steht.

**Werbung hat hohen Einfluss**

Es ist evident: wir befinden uns in einem Informationszeitalter, in der die Werbung eine ganz bedeutsame Rolle spielt. Werbung soll vor allen Dingen die weichen Größen der emotionalen Werte ansprechen. Gefühle und Sehnsüchte werden mit bestimmten Klischees assoziiert. In einer Welt des Überangebots und der Markenschwemme kommt der Werbung eine zentrale Schlüsselposition zu. Entscheider argumentieren mit dem Innovationstempo, welches das Wachstum ihrer Unternehmen fördern soll. Mittels Produktdifferenzierung und Innovation wollen sich Markenartikler gegenüber der zunehmend wachsenden Konkurrenz behaupten. Und gerade wenn es um Produkteinführungen geht, wird die Werbung zu einem unverzichtbaren Vermarktungsinstrument. Kein Wunder also, wenn der Konsument von allen Seiten überschüttet wird von „Corporate Messages", wenn er auf die Strasse geht. Die neuen Kommunikationskanäle haben der Werbebranche nochmals einen Schub gegeben. Neue Werbeformen im Internet wurden geboren – der Verbraucher kann in seinem Alltag praktisch keine Nische finden, wo er von Werbung „verschont" bleibt. Diese Überschüttung an Informationen schärft nicht gerade die Fähigkeit zur Differenzierung – im Gegenteil. Der potentielle Käufer stumpft ab und wird immer weniger empfänglich für Kernbotschaften der Hersteller. Die Marke geht in seiner Assoziation und Wahrnehmung unter.

*Neue Möglichkeiten durch neue Kommunikationskanäle*

In einem unübersichtlichen „Produkt-Dschungel" stellt sich für den Konsumenten die zentrale Frage: „Was zeichnet eigentlich ein Produkt aus?". Wird einfach wahllos nach einem bestimmten Shampoo gegriffen? Ist der Preis das alleinentscheidende Kriterium? Geht es um die Inhaltsstoffe oder Funktionalitäten eines bestimmten Produkts oder assoziiert der Käufer ein bestimmtes Gefühl, das ihm die TV-Werbung des Vortages suggeriert hat?

Für den Unternehmer hingegen muss die Fragestellung lauten: „Wie mache ich mein Produkt attraktiv? " Die von den Verbrauchern geforderte Attraktivität gilt für die rationalen in gleichem Maße wie für die emotionalen Werte. Wenn der Hersteller seine Hausaufgaben entsprechend erledigt, wird es ihm möglicherweise gelingen, den Konsumenten zum Kauf seines Markenartikels zu bewegen. Insgesamt hat der Kampf um die Gunst der Käufer in den letzten Jahren dramatisch zugenommen.

*Neue Wege sind notwendig, um den Konsumenten zu „erreichen"*

Zusammenfassend können wir also einen anhaltenden Wertverlust der Marken beobachten. Sicher, die Marke ist nicht tot – der Wertverlust ist jedoch immer signifikanter zu beobachten. Markenartikler und ihre Werbeabteilungen müssen daher nach neuen Wegen der Vermarktung suchen. Die Relevanz von Instrumenten der Erfolgskontrolle zur Überprüfung der Effizienz einzelner Werbekampagnen wird immer deutlicher zunehmen. Darüber hinaus spielt die Kommunikation eine wesentliche Rolle im Marketing-Mix. Ausschlaggebend für eine finale Kaufentscheidung ist eine positive Wahrnehmung durch den Verbraucher. Es gilt also die Wahrnehmung des Käufers zu beeinflussen. Reputationsmanagement stellt deshalb gerade im B-to-C (Business to Consumer) – Bereich eine zentrale und strategische Aufgabe für Unternehmer dar. Innerhalb der Disziplin des Reputationsmanagements wird eruiert, wie der Konsument ein Unternehmen, ein Produkt oder eine Marke wahrnimmt und welche Maßnahmen ergriffen werden können, um sein Verhalten nachhaltig positiv zu kanalisieren.

## 1.3
## Kommunikation als Werttreiber

**Freidanks Bescheidenheit**

*Verständig sprechen
ist viel wert, gesprochenes Wort
nie wiederkehrt.*

Kommunikation nimmt in der heutigen Zeit einen ganz besonderen Stellenwert ein. Wir haben uns mit dem Wandel in der Wirtschaft und dem Wertverlust der Marke einhellig beschäftigt. Es herrscht nicht nur national sondern auch international ein zunehmender Wettbewerb um Marktanteile. Dadurch steigt die Anzahl von Gütern und das Angebot von Dienstleistungen proportional an. Bei der Vermarktung der Produkte sind der Differenzierung von Leistungen, Preis, Absatzkanälen und vor allem der Kommunikation nach wie vor die Erfolgskriterien. Mit der Etablierung des Internets Anfang der 90er Jahre ist eine weitere wichtige Kommunikationsplattform ins Rampenlicht gerückt und bestimmt mittlerweile unser tägliches Leben.

Die bekannte IT-Fachpublikation „Computerwoche" beschreibt den derzeitigen Status Quo der Intenetnutzer wie folgt:

„Fast die Hälfte aller Haushalte in Deutschland verfügte 2002 über einen Internet-Zugang. 16 Millionen und damit 43 Prozent aller Haushalte waren online, teilte das *Statistische Bundesamt* aus Wiesbaden mit. Damit lag Deutschland etwas über dem EU-Durchschnitt von 40 Prozent (Juni 2002), erreichte jedoch nicht den Verbreitungsgrad der Niederlande (66 Prozent), und blieb auch unter dem Niveau der USA und Kanadas. Dort verfügte schon im Jahr 2001 jeder zweite Haushalt über einen Internetzugang ... 62 Prozent der Unternehmen aus dem Verarbeitenden Gewerbe, dem Handel und weiteren Dienstleistungsbereichen nutzten im Jahr 2002 das Internet für ihre Geschäftsabläufe. Damit ist Deutschland bei der kommerziellen Internet-Nutzung im europäischen Vergleich zwar nicht führend, das Niveau ist allerdings hoch und der Abstand zu den führenden Staaten nicht groß."

Die Kommunikation ohne Grenzen und in Echtzeit bietet unglaubliche Möglichkeiten, die bis heute nur zum Teil ausgeschöpft werden. Sämtliche Medien sind zum Beispiel im Internet präsent. Tageszeitungen und Magazine verfügen mittlerweile sogar über eigenständige und unabhängig operierende Online-Redaktionen. Neben dem virtuellen Auftritt von bekannten A/V (Anm.: Audio-Visuell)-Medien gibt es sogar unabhängige Web-TV- und Web-Radio-Stationen. Dabei kann gerade den Online-Publikationen eine hohe Bedeutung beigemessen werden: Informationen direkt und ohne Zeitverlust können heutzutage an die Öffentlichkeit transportiert werden.

*Informationstransfer in Echtzeit*

Das Netz wird jedoch nicht nur zur Kommunikation genutzt, sondern ist auch ein wertvoller Wissenspool. Das Internet ist vergleichbar mit einer virtuellen Bibliothek, welche in sekundenschnelle nach bestimmten Vorgaben Rechercheergebnisse zu liefern im Stande ist.

Alles in allem haben die neuen Möglichkeiten in der Kommunikation viele Geschäftsabläufe revolutioniert. Die Wirtschaft musste sich den neuen Gegebenheiten anpassen. Aber: Der schnellere Austausch von Informationen und Daten bedeutet auch eine Vereinfachung, beziehungsweise Effizienzsteigerung vieler Geschäftsprozesse. Also sollten wir die modernen Kommunikationsinstrumente als Chance begreifen. Wenn wir die Werkzeuge sinnvoll nutzen, können sie einen wichtigen und aktiven Teil für unser Wertemanagement bedeuten. Nachfolgend sind nochmals einige Vorteile aufgelistet.

**Leadership-Frage** ▶ **Wie wirkt sich der Einsatz moderner Telekommunikationstechnologie für unser Geschäftsleben aus?**

- Globale Verfügbarkeit von Daten
- Steigende Markttransparenz
- Schnelle Reaktions- und Anpassungsmöglichkeiten
- Potenzial zur Senkung der Transaktionskosten
- Entstehung elektronischer Märkte
- Netzeffekte

### Kommunikationsbranche im Wandel

*Public Relations gewinnt an Bedeutung*

Auch die Kommunikationsbranche befindet sich in einem Prozess des Wandels. Die Disziplin ist über die letzten Jahre hinweg flügge geworden und nimmt mittlerweile im Marketing-Mix eine wichtige Rolle ein. Es hat sich bis zur Managementebene durchgesprochen, wie wichtig eine effektive PR für ein Unternehmen sein kann. Vor allem aufgrund des Siegeszugs der Informationstechnologie sind PR-Agenturen wie Pilze aus dem Boden gewachsen. Vor allem gilt es, effiziente und gefestigte Beziehungen mit den Vertretern der Presse aufzubauen. Sie fungiert als Sprachrohr der unternehmerischen Kernbotschaften. Gerade in Bezug auf Markteinführungen und der Ankündigung neuer Technologien ist dem inhaltliche Transfer der sogenannten „key messages" eines Produkts eine wichtige Bedeutung beizumessen. In der klassischen Werbung werden Botschaften entwickelt, die über unterschiedliche Kanäle wie Anzeigen, Werbespots oder Plakatwerbung in die breite Öffentlichkeit transportiert werden. Für diese Art der Kommunikation bezahlt der Kunde in der Regel viel Geld. PR-Experten versuchen Inhalte aufzubereiten und an den Rezipienten – die Pressevertreter – zu liefern, die wiederum die Informationen redaktionell verpacken und in die Öffentlichkeit streuen. In der Wahrnehmung der Leser, Zuseher oder Zuhörer besitzt dieser Informationstransfer mehr Glaubwürdigkeit als klassische Werbeplattformen, weil er von einer objektiven Instanz (Redakteur/ -in) kommt.

Public Relations-Agenturen verstehen sich als Informationsmittler. Sie managen jedoch auch die Beziehungen zu öffentlichen Institutionen oder anderen Interessensgruppen. Ihre Budgets haben sie jahrelang über Pauschalen erhalten – die Rentabilität und Effizienz der Dienstleistungen galten seit jeher als schwer skalierbar. Es fehlte bis dato an leistungsstarken und aussagekräftigen Evaluierungsinstrumenten. Dennoch gelten PR-Maßnahmen unter dem Preis-Leistungs-Aspekt nach wie vor als das effizienteste Marketinginstrument. In wirtschaftlich mageren Zeiten werden jedoch Marketingbudgets drastisch gekürzt und die Ergebnisse der Dienstleister besonders kritisch beleuchtet. Diese Tendenz bestätigt sich darin, dass immer mehr Agenturen auf Erfolgsbasis vergütet werden und sich ihre Arbeit abhängig von erzielten Ergebnissen honorieren lassen.

*Das Management von Beziehungen*

In der PR gibt es darüber hinaus noch immer keinen standardisierten Ausbildungsweg. Die meisten PR-Berater haben einen geisteswissenschaftlichen Hintergrund. Und dies scheint auf den ersten Blick auch sinnvoll, denn neben der Recherche sind auch ein sicherer Umgang mit der Sprache sowie eine journalistische Schreibe gefordert. Angesichts der beschnittenen Budgets auf der einen und dem Wissen um die Effizienz der PR auf der anderen Seite, befinden sich die Marketing-Entscheider, die in den meisten Fällen auch die Kommunikations-Budgets in Unternehmen verwalten, in einem Dilemma: Ihre Marketingmaßnahmen sollen ja schlussendlich den Vertrieb unterstützen und nach Möglichkeit einen direkten Verkaufserfolg erzielen. Gefordert sind also PR-Aktivitäten mit einem direkt verwertbaren Nutzen für die Vertriebspolitik eines Unternehmens.

In diesem Zusammenhang haben sich auch die Anforderungen an den PR-Berater gewandelt. Es wird vermehrt auf den beratenden Aspekt fokussiert. Der moderne PR-Experte muss heutzutage auch betriebswirtschaftliche Fähigkeiten mitbringen. Die Vermittlung der Mehrwerte aus den Ergebnissen eines effizienten Kommunikations-Managements in Bezug auf den vertrieblichen Erfolg stehen im Vordergrund. Der Trend geht vom „Kommunikations-Techniker" in Richtung „Kommunikations-Manager".

| Kommunikations-Management | versus | Kommunikations-Technik |
|---|---|---|
| Planung | | Techniken (Schreiben, Sprache etc.) |
| Leitung | | Praxis |
| Strategie | | kreatives Tun |
| Konzeption | | Implementierung |
| Controlling | | Transformation |

In diversen Befragungen, unter anderem von der DPRG (Deutsche Public Relations Gesellschaft) positionierten sich übrigens ungefähr drei Viertel der Befragten als PR-Techniker. Nur ein Viertel sieht sich selbst als Kommunikations-Manager mit einem fundiertem betriebswirtschaftlichen Hintergrund.

**Kernsatz**

♦ **Kommunikation ist Reputationstreiber**

Im Reputations-Kontext ist der Kommunikation ein gewichtiger Wert beizumessen. Sie bietet mit Sicherheit die aktivsten und direktesten Möglichkeiten, Wahrnehmungen in der Öffentlichkeit nachhaltig zu beeinflussen. In einem Krisen-Szenario zum Beispiel steht und fällt das erfolgreiche Krisen-Management mit einer konsequent durchdachten und detailliert aufgesetzten Kommunikationsstrategie. Wie unschätzbar wichtig das Meistern von Krisen für die Reputation von Unternehmen ist, zeigen zahlreiche Praxisbeispiele. Die Kommunikations-Branche selbst ist angehalten auf die neuen Gegebenheiten und Bedürfnisse zu reagieren. Fachleute mit Spezialkenntnissen sind gefordert, Konzepte zu entwickeln und umzusetzen, die auch einen direkten Mehrwert für den Vertrieb eines Unternehmens generieren. Diese Werte müssen relativ kurzfristig realisiert werden können – der Markt will es so. Um Reputation effizient zu managen, müssen unsere Strategien auf einem ausgereiften Kommunikationskonzept fußen.

## 1.4
## Der Kunde im Fokus

*Der Kunde ist König!*  Sprichwort

Die Entwicklung zur Dienstleistungsgesellschaft beeinflusst viele wirtschaftlichen Gesetzmäßigkeiten. Im Fokus steht der Kunde – das oft unerforschte Objekt der Begierde. David Kearns, Chef des Drucker-Herstellers Xerox formuliert die Stellung des Kunden in Bezug auf seine Unternehmensstrategie wie folgt: „Unser Basis-Fokus ist Kunden-orientiert. Die Qualitätsbeschreibung bei Xerox versucht zu Hundertprozent die Kundenbedürfnisse zu befriedigen. Wir möchten, dass uns die Kunden als Lieferant von qualitativ hochwertigen Produkten und Services wahrnehmen – die Messlatte für uns muss lauten: Werden wir den Kundenbedürfnissen gerecht? Insgesamt sind wir davon überzeugt, dass die Kundenzufriedenheit uns bei der stetigen Verbesserung unserer Produkte und somit dem Gewinn von Marktanteilen unterstützt." *(Fombrun, S. 126)*

In den letzten Jahren hat sich im Kontext Kundenservice und Kundenbindung ein gewaltiger Wandel vollzogen. Nicht zuletzt trägt der technologische Fortschritt einen wesentlichen Teil dazu bei und erlaubt beispielsweise das systematische Erforschen des Kunden- und Kaufverhaltens. Hierzu können Befragungen durchgeführt und die Ergebnisse in einem großen Datenpool gesammelt werden. Dies erfolgt heutzutage meist relativ einfach und schnell über das Internet – je nach Bedarf und Anforderung. Ferner stehen viele großen Unternehmen mit ihren Kunden in einem permanenten Dialog. Über Hotlines kann der Kunde seine Beschwerden loswerden oder Hilfestellungen beispielsweise für die Installation seines Videorecorders anfordern. Auch über diese Quelle können Unternehmen wertvolle Informationen über Produktqualität und generelles Kundenverhalten auf relativ einfache Art und Weise erhalten. Selbstverständlich liefern auch die Instrumente des Dialog- und Direkt-Marketings wertvolle Infos über den Konsumenten. Über die Response-Medien erhält der Unternehmer jedoch nur vordefinierte Daten. Je größer ein Datenpool, je differenzierter der Input, sprich je mehr exakte Informationen ein Unternehmen über seine Kunden erhalten kann, desto höher ist die Wahrscheinlichkeit über entsprechend effiziente Maßnahmen, den Kunden mittel- und langfristig an das Unternehmen zu binden. Die technologi-

*Der Kunde gibt ein direktes Feedback*

schen Möglichkeiten einer differenzierten Informationsgewinnung sind heute schier grenzenlos. Bestimmte Software-Lösungen können die Daten nach genau vorgegebenen Kriterien auswerten. Es gibt sogar Spracherkennungssoftware, die aufgezeichnete Gespräche analysiert. Solche Technologien wurden nicht selten von Geheimdiensten entwickelt und finden mittlerweile oft in der Privatwirtschaft Anwendung. Denken wir zum Beispiel an den Anruf bei einer Hotline. Oft wird man gefragt, ob das Gespräch aufgezeichnet werden kann. Diese Telefonate werden dann auf Stichworte hin durchsucht, wie zum Beispiel „Produktfehler" oder „unzufrieden". Mittels einer entsprechenden Analyse wird dann eruiert werden, wie viel Beschwerden beispielsweise zu einem bestimmten Produkt im Unternehmen eingehen.

### Customer Relationship Management

Das Customer Relationship Marketing (CRM) gilt im Marketing-Kontext als eine junge Disziplin. Wie in allen neuen Bereichen, ist es auch beim CRM schwer, eine „ultima ratio" zu definieren. Die Auffassungen in Bezug auf die Definition differieren daher genauso wie die Umsetzung von CRM-Projekten. Viele Experten sind sich einig darüber, dass die Bezeichnungen „integriertes Kunden-Management" oder computergestützte Vertriebssteuerung den eigentlichen Inhalten wesentlich näher kommen würden. Essentiell ist jedoch die Tatsache, dass der Kunde im zentralen Fokus steht. Es gilt, möglichst unterschiedliche und detaillierte Informationen über die Kunden eines Unternehmens herauszufiltern. Die Entwicklung der Kundenzahl, die Firmentreue und nicht zuletzt der Umsatz beziehungsweise Gewinn pro Kunde stehen bei der Betrachtungsweise im Vordergrund. Mit CRM ist es erstmals möglich, gewisse Verhaltensmuster der Kunden zu eruieren. Die Analyse dieses Kundenverhaltens ermöglicht natürlich in Konsequenz neue Reaktionsmöglichkeiten, zum Beispiel bei der Umsetzung bestimmter Marketingaktivitäten. Mit analytischem CRM können sogar relativ komplexe Muster und Tendenzen verfolgt und entsprechend bewertet werden. Zu den analytischen Methoden zählen unter anderem Untersuchungen über die Segmentation, Kundenmigration, Kundenkontaktoptimierung, Kreditrisikoabschätzung und andere. CRM-Lösungen dienen in der Regel der Vertriebsoptimierung, dem Kampagnenmanagement, dem Service, dem Beschwerdemanagement und nicht zuletzt der Unterstützung der Direktkontaktmedien wie zum

*CRM erforscht den Kunden und seine Verhaltensmuster*

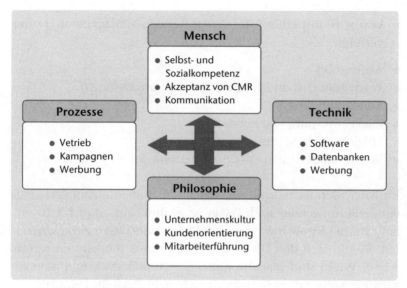

Abbildung 4:
Erfolgreiches CRM:
Wechselwirkung
aus Soft-Skills und
Technik

Beispiel Call-Center. Dass CRM-Software ein effizientes Tool für die Geschäftsprozessoptimierung darstellt ist evident. Aus einem bis dato unerforschten Gebiet – dem Verhalten des Kunden – hat sich eine komplexe Marketingdisziplin entwickelt, die mittlerweile skalierbare und damit auch aussagekräftige Erkenntnisse ermöglicht. Die Experten sind sich jedoch einig, dass es allein mit der Anschaffung einer Software-Lösung nicht getan ist (siehe Abbildung 4). CRM muss zu einem elementaren Bestandteil der eigenen Unternehmensphilosophie werden. Denn wenn der Kunde erst einmal tatsächlich im Mittelpunkt steht, hat das natürlich auch direkte Auswirkungen auf das Verhalten der Mitarbeiter. Je austauschbarer Produkte und Dienstleistungen werden, desto mehr besteht auch ein Bedarf an den Unterscheidungsfaktoren, die verantwortlich für die Außenwahrnehmung eines Unternehmens sind – dazu gehören unter anderem Werbemaßnahmen oder PR- und Öffentlichkeitsarbeit. Die Mitarbeiter selbst sollten also gewisse Fähigkeiten in den bereichen Sozialkompetenz, Kommunikation und Führung – also den sogenannten „Soft Skills"- mitbringen. Diese gilt es mit den Prozessen, der Unternehmensphilosophie und der verwendeten Technologie abzustimmen.

*CRM vereint Technologie mit „Soft Skills"*

Bevor ein Unternehmen sich für den Einsatz einer bestimmten CRM-Lösung entscheidet, müssen jedoch die Ziele definiert werden, die mit Kunden-Management erreicht werden sollen.

**Leadership-Frage** ▶ **Was wird mit einer integrierten Kunden-Management-Lösung verfolgt?**

- Akquisition
- Wachstum (z. B. in Bezug auf Kundentransaktionen)
- Kundenbindung
- Rückgewinnung von Kunden
- Effizientes Marketing
- Vertriebsunterstützung (z. B. Entlastung des Außendienstes)

Im Folgenden ist zu eruieren, welche Instrumente zum Erreichen der Ziele notwendig sind. Dabei ist es durchaus empfehlenswert, auf externes Know-how von Unternehmensberatern zurückzugreifen. Es gilt nach den Ursachen für bestimmte Indikatoren zu forschen. Wieso sind manche Kunden so umsatzstark und manche nicht? Erwerben diese Kunden einfach mehr Produkte beim Einkauf oder kaufen sie öfter ein? Welches Segment bevorzugen Kunden? Wie können Kunden motiviert werden, mehr umzusetzen? Wie können verlorene Kunden zurückgewonnen werden? Solche Migrationsgründe müssen in die Betrachtung mit einfließen. Aufgrund solcher Erkenntnisse lassen sich später beispielsweise maßgeschneiderte Angebote erstellen oder spezifische Rabatte gewährt werden. Die Kriterien für die Messung des Erfolgs müssen selbstverständlich den zuvor festgelegten Zielen angepasst werden. Was kann also ein modernes CRM-System eigentlich bewirken?

*Technologie allein reicht nicht aus*

Die Technologie allein ist kein Allheilmittel – entscheidend im Puzzle ist der Mensch und seine Bereitschaft mit neuen Ansätzen zurechtzukommen. In einem kundenorientierten Unternehmen, in dem die Struktur, die Philosophie und die Angebote selbst auf den Klienten ausgerichtet sind, spielt die CRM-Technologie jedoch eine große Rolle. Sie kann helfen, das wichtigste Kapital eines Unternehmens, die Kunden, zu binden, Kommunikationsmaßnahmen effizienter zu machen, die Umsätze anzukurbeln und somit das Unternehmen in die Gewinnzone zu manövrieren. Sämtliche Mitarbeiter eines Unternehmens werden in ihren Abläufen und bei der Umsetzung der kundengerechten Unternehmensstrategie maßgeblich unterstützt.

▶ **Wie behalte ich meinen Kunden im Auge?**   *Leadership-Frage*

Mit dem Internet haben sich aber auch die Kommunikations-Möglichkeiten für den Verbraucher selbst verbessert. Früher konnte sich ein Konsument in der Öffentlichkeit oder gegenüber einem bestimmten Unternehmen nur sehr schwer Gehör verschaffen – etwa über einen direkten Beschwerdebrief oder öffentliche Demonstrationen. Eine schlagfertige Lobby oder Interessensgruppen aufzubauen, die ein Unternehmen zu bestimmten Entscheidungen drängen kann, war ein langatmiges und aufwendiges Unterfangen. Im Internet kann sich der Endverbraucher auf wesentlich unkomplizierteren und weniger zeitintensiven Art und Weisen öffentlich äußern, sich austauschen, Unternehmen anprangern oder sich mit Gleichgesinnten virtuell zusammenschließen. In Chats, Newsgroups oder Message Boards, können Verbraucher miteinander diskutieren, Produkte bewerten oder gar den direkten Diskurs mit Unternehmensvertretern suchen. Es gibt sogar eigenständige Websites, die Bezug auf bestimmte Unternehmen oder Produktgruppen nehmen.

*Internet als Plattform für direkten Meinungsaustausch*

**Beispiele für Verbraucher-orientierte Websites:**

*Verbraucherportale:*
- www.dooyoo.com
- www.vocatus.de
- www.ciao.com.de

*Meinungsseiten:*
- www.servicewueste.de
- www.epinions.com
- www.hitwin.de

*Beschwerdeseiten:*
- www.beschwerdeonline.de
- www.vz-nrw.de

Gerade im Kontext des Reputationsmanagements gilt es, diese Entwicklung im Auge zu behalten. Der Verbraucher hat durch das Internet die Möglichkeit, auf relativ schnelle und unkomplizierte Weise, einen direkten Einfluss auf die Wahrnehmung eines Unternehmens auszuüben.

**Anselm Feuerbach**

*Mäkeln und Tadeln ist bei vielen der Trost
für ungenügendes Verständnis.*

Verbraucher können sich beispielsweise auf Webseiten zusammentun, die eine bewusste negative Meinungsmache verfolgen. In diesem Zusammenhang spricht man von sogenannten „Rogue Sites" (zum Beispiel www.bayersucks.org). Derartige Webseiten dienen dem Konsumenten dazu, seinem Ärger über Produktmängel, unzureichenden Service oder ein bestimmtes Unternehmen, Luft zu verschaffen. Auf der anderen Seite ist dies für die betroffenen Unternehmen eine heikle Geschichte mit entsprechend gefährlichen Tendenzen – jedermann kann Beschwerden im Internet einstellen und Lobbyismus betreiben. Werden in solchen Foren negative Meinungen zu bestimmten Produkten oder Unternehmen geäußert, hat das zumeist direkte Folgen. Die unter Umständen lang erarbeitete Reputation kann Schaden nehmen – im schlimmsten Fall drohen sogar Umsatzeinbußen. Speziell Dienstleister stehen oft in der Kritik der Verbraucher, denn mittlerweile ist die Wahrnehmung für schlechten Service sehr geschärft.

*Direkte Folgen für Unternehmen*

Weil der Lebensmittelhersteller Danone beispielsweise vor einigen Jahren trotz wachsender Umsätze 1.800 Arbeitsplätze streichen wollte, setzte in Frankreich eine Streik- und Protestwelle ein. Im Internet wurde aktiv zum Produkt-Boykott aufgerufen. Im Zuge dessen wurde auch eine Website (www.jeboycottedanone.com) initiiert. Danone hat jedoch vor Gericht bewirkt, dass diese Seite schlussendlich vom Netz genommen wird – die Medien-Maschine ist dennoch schon angelaufen und hat um diese Story viel Wind gemacht. Unternehmenskritiker erhalten nämlich eine höhere Aufmerksamkeit, wenn derartige Themen in der Öffentlichkeit diskutiert werden. Negative Informationen über Unternehmen können sich im Web schneller als je zuvor verteilen. Die konventionellen Medien werden durch oftmals erst durch die Auseinandersetzung im Internet für ein Thema interessiert gemacht.

Die Zeiten, in denen Unternehmen sehr diskret und individuell mit Kritik umgehen konnten sind offensichtlich passée. Das Beschwerdemanagement wird zunehmend öffentlich. Ein Unternehmen sollte diese Tendenzen also nicht unterschätzen. Es gilt, derartige Bewegungen im Netz zu kontrollieren und genau zu beobachten. Den Schaden, den solche negativen Ströme der Konsumenten anrichten können, kann sowohl aus monetären als auch aus Reputations-relevanten Gesichtspunkten, erheblich sein. Kommunikationsabteilungen sollten also gegenüber möglichen aufkochenden Gerüchten und bewusst negativ gestreuten Informationen gewappnet sein. Wenn Verbraucher beispielsweise damit beginnen, im Internet über Produktionsfehler bestimmter Artikel zu diskutieren, sollte ein Unternehmen schnellstmöglich Maßnahmen einleiten und vor allem entsprechend schnell reagieren. Denn generell können Organisationen keinem Internet-User verbieten, seine Meinung in der Öffentlichkeit zu äußern. Wenn Unternehmen den Wert des Internets mit all seinen Vorzügen als globale und direkte Kommunikations-Plattform in Echtzeit richtig bewerten, können sie die Kritik der Verbraucher durchaus auch als Chance begreifen. Wenn ein Unternehmen nämlich auf die Kritik in einer konstruktiven Art und Weise reagiert und daraufhin sogar eine Besserung des Mangels herbeiführt, kann es beim Verbraucher Pluspunkte sammeln. In der Wahrnehmung des Konsumenten entwickelt sich dann zumeist ein relativ positives Bild über das Unternehmen. Das Unternehmen beweist, dass es ernsthaft und sinnvoll mit Kritik umgeht. Es sorgt sich um die Probleme und Nöte der Konsumenten, gesteht Fehler und Mängel ein und setzt alles daran, diese in Zukunft zu beheben. Das Portal www.vocatus.de zum Beispiel lädt Unternehmen fast schon dazu ein, seine Kunden zu binden. Vocatus leitet die eingestellten Meinungen zu Produkten und Unternehmen direkt weiter. In den meisten Fällen erfolgt auch prompt eine Reaktion der betroffenen Firmen, die nun versuchen, entsprechende Probleme zu lösen.

*Internet als Chance begreifen*

◆ **Gerüchte haben einen direkten Einfluss auf die Wahrnehmung.**

**Kernsatz**

Wie schwerwiegend ein Imageverlust sein kann, soll das Beispiel Oracle zeigen. Im Herbst 2000 wurden bewusst Falschmeldungen über zu niedrige Umsätze des IT-Unternehmens gestreut. Hinzu kamen noch Gerüchte, dass der CEO gestorben wäre. Andere Unternehmen verbreiteten diese Informationen in ihren Newslettern und so wurden die Meldungen sehr schnell publik. Die Folge für Oracle: signifikante Verluste an der Börse. In Japan wurde auf einer Homepage vor einigen Jahren über den Tod von Bill Gates, dem Gründer von Microsoft, berichtet. Die asiatischen Börsenmärkte reagierten mit Kurseinbrüchen, nachdem die Nachricht im ganzen Land über das Fernsehen ausgestrahlt wurde.

Gerüchte können sehr schnell zu einer handfesten Krise werden – eine solche zu managen wird, wie später noch zu lesen, äußerst kostenintensiv und kann unter Umständen einen enormen Schaden, sowohl aus monetärer Sicht als auch für die Außenwirkung, darstellen. Ich empfehle geeignete Instrumente, die innerhalb eines regelmäßigen Monitorings eingesetzt werden sollten. Dabei durchforsten Suchmaschinen die Verbraucherseiten und informieren die Unternehmen. Das Internet-Monitoring liefert wertvolle Informationen, die als Mittel zur Krisenprävention aber auch vertrieblich oder für die Marketing- und Kommunikationsabteilung genutzt werden können.

*Monitoring als Werkzeug der Krisenprävention*

Selbstverständlich sind auch gewisse Sicherheitsvorkehrungen in Bezug auf die IT-Infrastruktur sinnvoll. Nicht alle Konsumenten äußern ihre Meinungen auf eine konstruktive und friedliche Art im Web. Es kann auch nicht zu unterschätzende Minderheiten geben, die versuchen ihren Unmut über ein Unternehmen mit gezielten Attacken zu äußern. Derartige Hacker-Angriffe können unterschiedliche Motivationen als Ursache haben. Ziel der Hacker sind zumeist Global Player. Der Schaden ist in solchen Fällen zunächst einmal monetärer Natur. Wenn solche Attacken jedoch öffentlich diskutiert werden, kann auch die Reputation eines Unternehmens entweder positiv oder negativ beeinflusst werden.

Kundenbindung stellt im Kontext des Reputationsmanagements einen wichtigen Teil dar.

**Leadership-Frage**

▶ **Welche Elemente sind für eine erfolgreiche Kundenbindung notwendig?**

- Service und Support (Hotlines, Call-Center, Infodesks etc.)
- Kommunikation (regelmäßigerer Informationsfluss)
- Schnelle Reaktionszeiten
- Customer Relationship Management
- Direkt-Marketing
- Dialog-Marketing
- Überwachung – Evaluierung (idealerweise in Echtzeit) der Verbraucher-/Kundenmeinung

- **Nah am Kunden sein! Wer den Kunden kennt, ist im Vorteil!**  `Kernsatz`

Unternehmen mit einem starken Kundenfokus konzentrieren sich auf einen kontinuierlichen Austausch mit ihren Klienten. Durch den Dialog mit dem Kunden können Probleme schnell ans Tageslicht gebracht, eventuell aufkommende Gerüchte im Keim erstickt oder eine effektive Aufklärungsarbeit geleistet werden. Ein genaues Monitoring unserer Zielgruppe ermöglicht ein Eruieren bestimmter Verhaltensmuster. Als Entscheider können wir auf ihre Anforderungen und Bedürfnisse unmittelbarer reagieren. Der Einsatz bestimmter Data Mining-Instrumente beispielsweise unterstützt die Erstellung von Mustern über das Kundenverhalten. Wenn ich weiß, wie der Kunde „tickt", kann ich auch entsprechend reagieren und ihn mittel- und langfristig an mich binden. Für den Geschäftserfolg stellt die positive Wahrnehmung von Produkten, Services, Management und Gesamtbild eines Unternehmens einen signifikanten Erfolgsfaktor dar.

- **Durch den Diskurs mit meinen Kunden erhalte ich die Möglichkeit, meine Außenwahrnehmung direkt zu beeinflussen.** `Kernsatz`

# 2.
# Was heißt eigentlich, einen guten Ruf zu haben?

> Von des Lebens Gütern allen
> Ist der Ruhm das höchste doch;
> Wenn der Leib in Staub verfallen
> Lebt der große Namen noch.

Schiller

## 2.1
## Definition des Reputationsbegriffs

Im ersten Kapitel des Buchs habe ich versucht, die neuen Marktgegebenheiten zu beschreiben. Dabei ging es mir vor allem darum zu beschreiben, wie sich in den letzten Jahren auch die Prioritäten verschoben haben. Klar wird sich generell an den betriebswirtschaftlichen Grundsätzen nichts ändern. Dennoch sind neue Erfolgskriterien in den Vordergrund gerückt und wer in der heutigen Zeit geschäftlichen Erfolg verzeichnen will, muss sich stets den aktuellen Marktbedingungen anpassen.

Es war mir wichtig, die neuen Herausforderungen der Marktwirtschaft zu beleuchten. Denn sie implizieren auch neue Ansätze und Akzentuierungen in Bezug auf die Umsetzung der Geschäftsprozesse zum erreichen der Unternehmensziele. Deshalb ist es wichtig, dass an dieser Stelle klar ist, dass die Außenwahrnehmung von Unternehmen, Personen oder Produkten eine wesentliche Bedeutung für Erfolg oder Misserfolg hat. Reputation ist de Facto ein Wertetreiber. In den folgenden Kapiteln werde ich zunächst den Reputationsbegriff näher beleuchten, den Nutzen und Wert von Reputation beschreiben und schließlich Umsetzungspotentiale für ein effizientes Management vorschlagen.

**Leadership-Fragen**

▶ Was verstehe ich eigentlich unter dem Begriff Reputation?
▶ Wie wird Reputation im Unternehmenskontext eigentlich definiert?
▶ Beeinflusst ein guter oder schlechter Ruf meine Geschäfte?

Die Antworten sind nicht leicht zu finden, denn bis dato gelten (noch) keine allgemeingültigen und standardisierten Definitionen. Wer das Fremdwörterbuch aufschlägt, wird unter dem Begriff Reputation Übersetzungen wie „(guter) Ruf" oder „Ansehen" finden. Die Assoziation des Begriffs mit Personen ist uns in diesem Zusammenhang sehr wohl geläufig. In Bezug auf Unternehmen fällt die Verwendung wesentlich schwerer. Unternehmen und Reputation ... Was verbinden wir damit? Wann hat eine Firma eine gute Reputation? Welche Kriterien gelten als Bemessungsgrundlage?

*Wichtigste institutionale Einrichtung im Reputationskontext*

Die weltweit wichtigste Institution, die sich mit Reputationsmanagement beschäftigt, ist das „Reputation Institute" (RI) mit Sitz in New York, das von Prof. Dr. Charles J. Fombrun gegründet wurde. Fombrun ist seit 1984 als Professor für Management an der Stern School of Business der New York University tätig. Er ist Autor wichtigster Bücher zum Thema, wie „Reputation: Creating value from the corporate image" oder „Fame & Fortune – How successful companies build winning reputations". In Deutschland wird das Raputation Institute von Prof. Dr. Klaus-Peter Wiedmann repräsentiert, der den Lehrstuhl Marketing II an der Universität Hannover leitet.

Das Reputation Institute aus New York bietet folgende Definition für die *Unternehmensreputation* an:

- A *corporate reputation* is a cognitive representation of a company's ability to meet the expectations of its stakeholders.
- A *corporate reputation* describes the rational and emotional attachments that stakeholders form with a company.
- A *corporate reputation* describes the net image a company develops with all of its stakeholders.

In seiner Argumentation setzt das RI auf die tragende Rolle sämtlicher Stakeholder (z. B. Investoren, Kunden oder Mitarbeiter) wenn es um die Außenwahrnehmung eines Unternehmens in der Öffentlichkeit geht. Die einzelnen Wahrnehmungen der Anspruchsgruppen bilden einen Gesamtwert, der als Unternehmensreputation interpretiert wird (siehe Abbildung 5).

Das Reputation Institute vergleicht dabei Reputation mit einem Magneten (siehe Abbildung 6). Die Stakeholder und ihre Gewohnheiten, Prinzipien oder Verhalten werden durch die Reputation eines Unternehmens nachhaltig beeinflusst – entweder positiv oder negativ. Auf Mitarbeiterseite hat eine positive Reputation beispielsweise entsprechende Auswirkungen auf die Motivation der

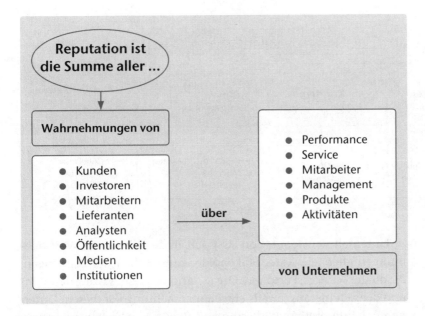

Abbildung 5:
Definition von Reputation

Angestellten. Wenn das Arbeitsklima positiv ist, die Vergütung entsprechenden Anreiz bietet, Weiterbildungsmaßnahmen stattfinden und der Wert der Angestellten hoch eingeschätzt wird, empfinden die Mitarbeitenden Stolz für ihre Firma und geben dies durch entsprechende Leistungen zurück – was zu einer erhöhten Produktivität führen kann.

Bei den Kunden wiederum kann sich die Wahrnehmung in gesteigerten oder fallenden Umsatzzahlen widerspiegeln. Der Verbraucher reagiert in der Regel sehr schnell und direkt.

Eine positive Reputation und entsprechende Umsatzzahlen haben in Konsequenz einen Einfluss auf die Marktposition einer Firma. Auch die Investoren reagieren auf die Reputation eines Unternehmens. Investoren sind die Geldquelle von Organisationen und deshalb sollten vor allem börsennotierte Unternehmen versuchen ein positives Image bei ihren Aktionäre aufzubauen. Schließlich spielt auch das Verhältnis zur Öffentlichkeit und den Medien eine tragende Rolle. Durch eine effiziente Unternehmenskommunikation sollte jedes Unternehmen versuchen, seine Wahrnehmung bei der Zielgruppe zu schärfen. Kommunikation gilt im Kontext des Reputationsmanagements als das direkteste Mittel der Einflussnahme auf die Unternehmensreputation.

*Positive Reputation als Wettbewerbsvorteil*

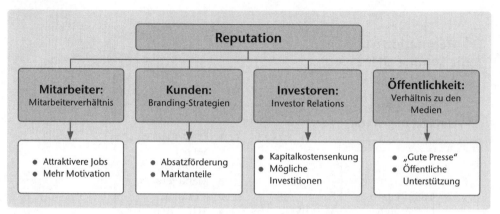

Abbildung 6:
Wirkungsweisen
von Reputation

Unternehmensreputation lässt sich als die Summe der Wahrnehmungen aller relevanter Stakeholder hinsichtlich der Leistungen, Produkte, Services, Personen, Organisation etc. eines Unternehmens und der sich hieraus jeweils ergebenden Achtung vor diesem Unternehmen interpretieren. Allerdings ist Reputation bis heute doch ein recht schillernder Begriff geblieben, der für unterschiedliche Disziplinen und aus verschiedenen Perspektiven eine unterschiedliche Bedeutung besitzt: Unternehmensstrategen betrachten die unternehmerische Reputation als eine Quelle für Wettbewerbsvorteile. Für Buchhalter wiederum ist die Reputation ein unbestimmbarer Vorzug, eine Art des Wohlwollens, dessen Wert auf den Märkten schwankt. Händler hingegen betrachten Reputation aus dem Blickwinkel einer korporativen Analogie zu Marken.

**Leadership-Frage**
▶ Welche Faktoren muss ich in Kontext Reputationsmanagement miteinbeziehen?

- Absatzpolitischen Instrumente (Marketing-Mix)
  - Distributionspolitik (z. B. indirekter Vertrieb über Partner)
  - Produktpolitik (Innovation, Qualität, Service, Sortiment)
  - Preispolitik (Zahlungsbedingungen, Rabatte)
  - Kommunikationspolitik (PR, Werbung, VKF)
- Finanzielle Stabilität
- Soziales Engagement
- Quality of Management
- Mitarbeiter-Rekrutierung, -Weiterbildung und -Bindung

Fälschlicherweise wird Reputationsmanagement auf das Feld der Public Relations reduziert. Wenn es gelingt mittels einer guten

Story eine PR-Kampagne so wirksam zu implementieren, dass ein bleibender positiver Eindruck in der Öffentlichkeit entsteht, wird natürlich auch die Reputation eines Unternehmens beeinflusst. Es gibt aber weitaus mehr Faktoren, die einen direkten oder indirekten Einfluss auf den Ruf eines Unternehmens haben können, als die Umsetzung von Maßnahmen des Kommunikations-Managements. Die Zahlungsmoral gegenüber Gläubigern, die Lieferkonditionen mit Geschäftspartnern, Tarifverhandlungen mit den Mitarbeitern oder Spekulationen in Bezug auf Investor Relations können beispielsweise allesamt Faktoren sein, die eine entsprechende Auswirkung auf die Außenwahrnehmung haben können. In manchen Bereichen sind es harte Fakten, wie Jahresabschlussveröffentlichung oder Preispolitik in anderen Bereichen sind es immaterielle Werte, welche die Reputation in die eine oder die andere Richtungen lenken. Die Disziplin des Reputationsmanagements setzt auf einen integrierten Ansatz und versucht alle unterschiedlichen Einfluss-Faktoren in die Bewertung mit einzubeziehen. Es gilt also sämtliche Einflussgrößen zu managen. Einige davon sind freilich nur unternehmensintern zu lösen, andere wiederum können auch durch das Einbeziehen externer Dienstleister behandelt werden.

*Reputationsmanagement schließt unterschiedliche Einflussfaktoren ein*

Das Reputation Institute ist seit Jahren bestrebt, auf weltweiter Ebene eine Sensibilität für das Thema zu schaffen.. Das weltweite Expertennetzwerk organisiert zum Beispiel Konferenzen, mit deren Hilfe auf der internationalen Ebene der Dialog zwischen Experten aus Wissenschaft und Praxis intensiviert werden soll und publiziert zahlreiche Veröffentlichungen und eine internationale Zeitschrift (Corporate Reputation Review), die auch als Kommunikationsplattform dient. Ferner baut das Reputation Institute über empirische Studien zur konkreten Ausprägung der Unternehmensreputation von Unternehmen ein *international relevantes Informationssystem* auf, das eine hervorragende Basis für die Planung eines integrierten Reputationsmanagement zu bieten vermag. Gleichzeitig werden sehr gezielt Verantwortliche aus den unterschiedlichsten Funktionsbereichen in Diskussionen und konkrete Projekte einbezogen, um tragfähige Lösungen für die operative Umsetzung der Idee eines integrierten Reputationsmanagement zu entwickeln. Neben der Entwicklung empirischer Instrumente zur Kontrolle und Steuerung der Unternehmens-Reputation nimmt das Reputation Institute (www.reputationinstitute.com) also vor allem in Bezug auf die edukativer Ebene eine zentrale Stellung ein. Das Reputation Institute

*Reputation Institute: weltweites Expertennetzwerk*

gilt als einflussreichste Institution im Zusammenhang mit dem Thema Reputation.

Organisatorisch ist das Reputation Institute (RI) auf vier Säulen aufgeteilt:

- RI-Community: Hier findet ein Erfahrungsaustausch unter Mitgliedern über aktuelle Entwicklungen und neuste Forschungsergebnisse statt.
- RI-Forums: Ziel ist es, Dialoge anzuregen sowie Erfahrung und Know-how auszutauschen
- RI-Publications: Forschungsergebnisse werden veröffentlicht sowie aktuelle Annäherungen im Kontext Reputationsmanagement vorgestellt
- RI-Products: Im Vordergrund stehen die Entwicklung kompetitiver Evaluierungs-, Mess- und Management-Instrumente

Das Reputation Institute versucht die Wissenschafter mit Experten aus der Wirtschaft zu vereinen, um so kompetitive und standardisierte Lösungen zu entwickeln. Der organisatorische Unterbau besteht aus Akademikern und Praktikern, die ein Komitee bilden. Marktforschungsunternehmen, Unternehmensberatungen, PR-Agenturen sowie unterschiedliche Publikationen sind weitere Mitglieder des Instituts. Vor allem eine länderübergreifende, globale Annäherung genießt für das RI oberste Priorität. Derzeit finden in ganz Europa Bestrebungen statt, unter Verwendung der „Reputation Quotient (RQ)-Methode", Unternehmen ihrer Reputation nach zu klassifizieren und in ein länderspezifisches Ranking zu integrieren.

*Ansätze des RI sind weltweit anerkannt*

Im Selbstverständnis des Reputationsmanagements existieren derzeit noch keine ratifizierten Standards – weder im theoretischen Zusammenhang noch in praktischen Managementprozessen. De facto sind die Ansätze des RI jedoch weltweit wissenschaftlich anerkannt und dem Institut ist daher eine tragende Rolle beizumessen. Nicht zuletzt aufgrund der technologischen Möglichkeiten und der neuen Kommunikationsplattformen stehen heute schon durchaus kompetitive Instrumente zur Verfügung, die einem integrierten Lösungsansatz im Kontext Reputationsmanagement bereits sehr nahe kommen. An späterer Stelle werden wir noch einige Methoden vorstellen, die durchaus im Stande sind, Reputation effizient zu messen und entsprechend transparent zu machen.

**Leadership-Frage** ▶ **Wie begleitet mich ein guter Ruf?**

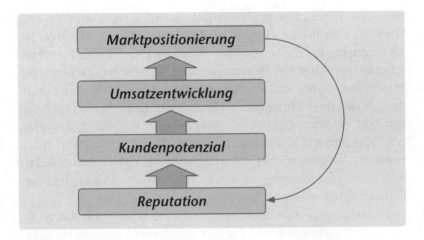

Abbildung 7:
**Reputation im Dienstleistungssektor**

Wie verhalten Sie sich, wenn Sie einen Arzt, einen Juristen oder einen Anlageexperten aufsuchen? Wählen Sie den Dienstleister willkürlich aus? Über das Branchenverzeichnis? Recherchieren Sie im Internet? Verlassen Sie sich auf Empfehlungen aus Ihrem Bekanntenkreis oder suchen Sie ganz einfach den Ansprechpartner Ihres Vertrauens, den Sie bereits seit Jahren konsultieren, auf? Im Dienstleistungsbereich sind derartige Fragestellungen an der Tagesordnung und entscheidend für den Geschäftserfolg (siehe Abbildung 7).

Gerade in Bereichen, wo Kundenbindung nicht durch Preis, Produktqualität oder vertriebliche Aspekte gelöst werden kann, spielen die sogenannten weichen Größen oftmals die entscheidende Rolle. Service, Kundennähe und eine bedarfsgerechte Kommunikation sind im Dienstleistungsbereich zu den Werttreibern geworden. Speziell wenn es um kritische Themen wie beispielsweise Gesundheit oder Finanzen geht, werden Dienstleister aufgrund von Empfehlungen oder einer existenten Reputation konsultiert. Eine entsprechende Reputation im Dienstleistungsumfeld kann möglicherweise durch eine effiziente PR-Kampagne oder Social Responsibility-Maßnahmen erreicht werden. In jedem Fall ist „ein guter Ruf", speziell für kleine und mittelständische Unternehmen, von existentieller Bedeutung.

*Im Dienstleistungskontext stellt Reputation einen echten Erfolgsfaktor dar*

Im privaten Alltag verlassen wir uns also auf Empfehlungen und Erfahrungswerte, wenn es beispielsweise um unsere Steuererklärung, die gesundheitliche Vorsorge oder die Installation der Heizung geht. Wenn die Wahl zwischen einem Dienstleister besteht, der uns bekannt ist und dem wir vertrauen und einem unbeschriebenen Blatt, entscheiden wir uns instinktiv für „das uns Vertraute".

Eine gute Reputation impliziert Glaubwürdigkeit, Vertrauen und Loyalität – in der Gewissheit, auch das Resultat zu erhalten, das als Gegenzug für die Investition erwartet werden kann. Viele Entscheider vertrauen der Reputation ihrer Mitarbeiter. Es gibt sogar Unternehmen, die auf unterschiedliche Art und Weise versuchen, den „Wert" ihrer Mitarbeiter zu evaluieren. Dazu werden Meinungen von externen Dritten wie zum Beispiel Kunden, Lieferanten oder Partnern ins Kalkül gezogen. Diese Daten sollen dann einen gewissen Aufschluss über die Integrität und Loyalität von Mitarbeitern geben – sie spiegeln sein Persönlichkeitsbild innerhalb des Unternehmens wieder.

Marketingexperten und Werbefachleute wissen um das große Potential berühmter Köpfe als Werbeträger. Sie verkörpern unterschiedliche Werte und tangieren spezifische Zielgruppen. So stehen Superstars aus dem Sportbereich wie Michael Schumacher oder Boris Becker für Dynamik, Bewegung, Ästhetik oder Ausdauer. Supermodels wie Claudia Schiffer oder Naomi Campbell verkörpern hingegen Eleganz, Perfektion, Körperlichkeit und Sinnlichkeit. Der Verbraucher verbindet diese Eigenschaften dann tatsächlich mit bestimmten Produkten. Er überträgt die Assoziationen auf die Produkte. Abhängig von der individuellen Attraktion beeinflussen diese idealtypischen Bilder auch das Kaufverhalten. Der Konsument verbindet sowohl Qualität als auch Status mit dem Produkt. Und weil sich diese psychologischen Gegebenheiten tatsächlich auf die Umsatzseite direkt auswirken, sind die hohen Preise, die für prominente Köpfe in der Werbung ausgegeben werden, dennoch für die Unternehmen ein hoher Return on Investment. Wenn Models 5.000 Dollar am Tag verdienen, entspricht das ungefähr dem Tagesmietpreis für den Ruhm des Models.

*Kaufverhalten wird durch Assoziationen geprägt*

Reputation aufzubauen gehört zum Tagesgeschäft aller Marketingexperten. Hersteller diverser Konsumwaren sind Fachleute, wenn es darum geht, aus unbekannten Marken mittels Promotion und Werbung echte Brands zu zaubern. Der Wert dieses Brands innerhalb der Produktdifferenzierung wird als „Brand Equity" bezeichnet. Dieser „versteckte" Wert taucht in keiner Bilanz auf und zählt zu den sogenannten weichen Größen.

*Der hat die Macht,*  
*an den die Menge glaubt.*

Raupach

Die Anfänge des Reputationsmanagement reichen zurück bis ins Jahr 1983 als erstmals die „Most Admired Company's" in den USA im *„Fortune"-Magazin* bewertet wurden (siehe Abbildung 8). Damals haben Analysten und Manager die Top 10 Firmen aus 32 unterschiedlichen Industriezweigen in Bezug auf ihre Außenwahrnehmung eruiert. Seitdem wird diese Studie alljährlich durchgeführt und im *„Fortune"-Magazin* publiziert. Über die Jahre wurde sie zu einem absoluten Bestseller. Erstmals wurden Unternehmen in Bezug auf weiche Größen in einem Ranking klassifiziert. Die Fortune-Bewertung gilt bis dato als Leitfaden für die Performance der US-Großkonzerne, die quasi hinter den betriebswirtschaftlichen Kennzahlen zu finden ist. In Deutschland führt das *Manager-Magazin* ähnliche Bewertungen durch und stellt Unternehmen mit der besten Reputation in einem Ranking vor.

Wie fragil die Unternehmensgröße Reputation im Grunde genommen ist, sehen wir am Beispiel IBM. Die Außenwahrnehmung als Technologieführer mit einem schier perfekten Management schien jahrelang fast unantastbar. Im Jahre 1986 war IBM noch die klare Nummer 1 im *Fortune-Ranking* – dann kam der freie Fall.

Abbildung 8: Übernommen aus der Publikation Fortune (zwischen 1984–1995)

| Rank | 1983 | 1984 | 1985 | 1986 | 1987 | 1988 | 1989 | 1990 | 1991 | 1992 | 1993 | 1994 | 1995 |
|---|---|---|---|---|---|---|---|---|---|---|---|---|---|
| 1 | IBM | IBM | IBM | IBM | Merck | Merck | Merck | Merck | Merck | Merck | Merck | Rubbermaid | Rubbermaid |
| 2 | HP | Dow Jones | Coca-Cola | 3M | Liz Claiborne | Rubbermaid | Rubbermaid | Philip Morris | Rubbermaid | Rubbermaid | Rubbermaid | Home Deopt | Micro-soft |
| 3 | J&J | HP | Dow Jones | Dow Jones | Boeing | Dow Jones | 3M | Rubbermaid | Procter & Gamble | Wal-Mart | Wal-Mart | Coca-Cola | Coca-Cola |
| 4 | Kodak | Merck | 3M | Coca-Cola | J.P. Morgan | Pocter & Gamble | Philip Morris | Procter & Gamble | Wal-Mart | Liz Claiborne | 3M | Micro-soft | Motorola |
| 5 | Merck | J&J | HP | Merck | Rubbermaid | Liz Claiborne | Wal-Mart | 3M | Pepsi-Cola | Levi Strauss | Coca-Cola | 3M | Home Depot |
| 6 | AT&T | time | Anheuser-Busch | Boeing | Shell Oil | 3M | Exxon | Pepsi-Cola | Coca-Cola | J&J | Procter & Gamble | Walt Disney | Intel |
| 7 | Digital | GE | Boeing | Rubber-maid | IBM | Philip Morris | Pepsi-Cola | Wal-Mart | 3M | Coca-Cola | Levi Strauss | Motorola | Procter & Gamble |
| 8 | Smith Kline Beecham | Anheuser Busch | GE | Procter & Gamble | J&J | J.P. Morgan | Boeing | Coca-Cola | J&J | 3M | Liz Claiborne | J.P. Morgan | 3M |
| 9 | GE | Coca-Cola | Kodak Eastman | Exxon | Dow Jones | RJR Nabisco | Herman Miller | Anheuser Busch | Boeing | Pepsi-Cola | J.P. Morgan | Procter & Gamble | UPS |
| 10 | General Mills | Boeing | Merck | J.P. Morgan | Herman Miller | Wal-Mart | Procter & Gamble | Du Pont | Eli Lilly | Procter & Gamble | Boeing | UPS | HP |

Von Platz 7 im Jahr 1987 fiel „Big Blue", wie das Unternehmen gemeinhin genannt wird, auf Platz 32 im darauffolgenden Jahr. 1994 war IBM als 354. nur noch unter ferner Liefen. Die Medien haben regelmäßig von den Fehltritten des Konzerns berichtet, Lieferanten und Partner haben viel vom aufgebauten Vertrauen in IBM in dieser Zeit verloren und die Kunden hielten sich schließlich mit ihren Käufen zurück. In kürzester Zeit hat der Computer-Gigant massiv gelitten. Die Reputation in der Öffentlichkeit hat sich direkt auf die Umsätze ausgewirkt. Die Beziehungen mit sämtlichen Stakeholdern waren betroffen. Es hat Jahre gedauert bis sich IBM von diesem Schlag erholt hat. Und der Konzern hat aus seinen Fehlern gelernt. Mittlerweile befindet sich IBM wieder ganz oben in den *Fortune-Bewertungen*.

## 2.2
## Abgrenzung

*La Fontaine*

*Zum Ruhm gelangt man nicht auf einem Blumenpfade.*

Mit allem was wir tun, was wir sagen, wie wir uns kleiden oder wie wir gestikulieren, drücken wir gewisse Verhaltensmuster aus. Damit senden wir Signale, die von der Umwelt entsprechend wahrgenommen und zu einem bestimmten Bild, einem Image, zusammengefügt werden. Sowohl im Englischen als auch im Französischen ist im Wort Image die Doppelbedeutung von Bild und Abbild auf der einen, und von Wahrnehmung im Sinne von Ansehen auf der anderen Seite erhalten geblieben. So wie es keine Form von Nicht-Kommunikation gibt, so gibt es beispielsweise auch keine Person ohne Image: Das gilt für natürliche Personen gleichermaßen wie für Unternehmen. Firmen kommunizieren ebenso mit allem, was sie nach außen oder auch im Innenverhältnis tun und produzieren damit laufend ein Image gegenüber den Kunden, den Mitarbeitern, den Investoren, den Medien oder auch bestimmten Institutionen. Im Idealfall können Unternehmen auf die Entstehung dieser Bilder einen bestimmten Einfluss ausüben. Wir sprechen also von Bildern und Wahrnehmung.

*Mit jeder Person verbinden wir ein Image*

Das Image verkörpert quasi diese Bedeutungen.

## Definition des Reputationsbegriffs

**Leadership-Frage**

▶ Was unterscheidet dann Image eigentlich von Reputation und welche Rolle spielt das Thema Corporate Identity in diesem Kontext?

Die Ähnlichkeiten in der Interpretation der Begriffe Image und Reputation sind sicherlich größer als die Unterschiede. Wenn wir über Reputation sprechen, geht es um eine ganzheitliche Bewertung eines Unternehmens durch alle relevanten Stakeholder und weniger allein auf die Wahrnehmungen verschiedener Sachverhalte durch die sich ein Unternehmen positiv oder negativ auszeichnen kann. Es steht also nicht ein bestimmtes Bild, das sich die Anspruchsgruppe von einem Unternehmen macht (=Image), sondern um das, was daraus möglicherweise als Unterstützungspotential entsteht. Wahrnehmungen, Bilder, Einstellungen oder Vorstellungen bilden die Gegebenheiten aus denen Reputation erst im zweiten Schritt entsteht.

William J. Crissy beschrieb 1971 den Begriff Image in Bezug auf Unternehmen wie folgt:

„Image ist der zusammengefasste stimulierte Wert eines Unternehmens, einer Marke oder eines Produkts, für eine bestimmte Gruppe oder ein Individuum. Es gibt so viele Images wie Personen, die darauf reagieren. Es werden niemals zwei Personen dasselbe Image haben, weil individuelle Unterschiede hinsichtlich Lebenswerte, Erfahrung und Hintergrundwissen sowie Bedürfnisse existieren. Daher gibt es auch individuelle Unterschiede in den drei Bereichen Wahrnehmung, Denken und Fühlen." *(Crisssy, S. 77)*

Ein Unternehmen kann ganz unterschiedliche Images oder Marken besitzen.

**Kernsatz**

◆ Die Reputation hingegen spiegelt die gesamte Attraktivität eines Unternehmens gegenüber seinen Mitarbeitern, Kunden, Investoren, den Medien oder der Öffentlichkeit wider. Die Unternehmensreputation vereint also sämtliche Images, welche die Anspruchgruppen über ein Unternehmen haben und fördert das relative Prestige und den Status eines Unternehmens gegenüber seinen Mitbewerbern.

Grahame Dowling schlägt folgende Unterscheidung zwischen Corporate Identity, Images und Reputation vor:

- *Corporate Identity:* Symbole und Bezeichnungen, die Unternehmen dazu einsetzen, sich eindeutig zu identifizieren (Firmenname, Logo, Kernbotschaften, Arbeitskleidung etc.)
- *Corporate Image:* bestimmte Eindrücke, die ein Individuum über ein Unternehmen hat, beziehungsweise mit dessen Produkte und Marken verbindet (Gefühle, Überzeugungen, Eindrücke etc.)
- *Corporate Reputation:* entsprechende Werte, die aus der Gesamtheit der Images der Stakeholder entstehen (Integrität, vertrauen, Glaubwürdigkeit, Verantwortung, Authentizität etc.)

In der Praxis verwenden sowohl Akademiker als auch Unternehmensberater oder Manager die Begrifflichkeiten Corporate Identity, Image und Reputation oftmals falsch und vermischen deren Bedeutung. Viele Manager unterliegen beispielsweise immer noch dem Trugschluss, dass eine neue Corporate Identity automatisch einen entscheidenden Einfluss auf das Image oder die Reputation ihres Unternehmens hat. Die Corporate Identity ist ein wichtiger Schritt für ein Unternehmen, seine Identität zu definieren – Logo und Firmennamen zu bestimmen und nach außen zu dokumentieren, für was das Unternehmen steht. Zweifelsohne ein entscheidender Schritt, wenn es um eine effiziente Positionierung des Unternehmens am Markt geht. Es ist der erste Schritt einer Firma hin zur Selbstfindung. In diesem Prozess wird definiert, wie sich Mitarbeiter später verhalten sollen, welche Kernbotschaften das Unternehmen in die Öffentlichkeit transferiert und in welche Werte schließlich Investoren ihr Geld anlegen. Images stehen hingegen schon für einen bestimmten Wahrnehmungsgrad der Stakeholder. Sie beschreiben einzelne Gefühle, Bedürfnisse oder andere Eindrücke, die kurz-, mittel- oder langfristig bei der Anspruchsgruppe entstehen. Images sind individueller Natur. Jede einzelne Wahrnehmung eines bestimmten Stakeholders definiert sein Bild gegenüber dem Unternehmen. Idealerweise stimmen die Images mit der Corporate Identity überein. Das ist jedoch in den seltensten Fällen zutreffend. Vielmehr werden die Stakeholder beispielsweise durch Gerüchte, durch Medienberichte oder durch Werbung bewusst manipuliert und es entsteht ein verzerrtes Bild.

*Images spiegeln Wahrnehmungen wider*

Die Corporate Reputation ist dagegen ein Konstrukt, das auf Werten basiert. Was das Verhalten von Unternehmen angeht, sind in diesem Zusammenhang Werte wie Leistungsvermögen, Authentizität, Integrität, Ehrlichkeit, Verantwortung gegenüber den Mitarbeitern, der Umwelt, den Medien und der Öffentlichkeit sowie Vertrauen relevant. Derartige Werte haben einen langfristigen Charakter. Andere Werte, wie beispielsweise Vergnügen oder Begeisterung (zum Beispiel über eine bestimmte Sponsoring-Aktivität) stellen eine kurzfristige Relevanz dar.

- ♦ Im Prinzip könnte man auch sagen, dass die Corporate Reputation dem „Netto-Gesamtempfinden" entspricht, das durch gute oder schlechte Emotionen, von den Kunden, den Investoren, den Mitarbeitern sowie der Öffentlichkeit mit einem Unternehmen wahrgenommen wird.

**Kernsatz**

Die Unternehmensreputation stellt die Summe aller Einzel-Images der Stakeholder dar.

In der Abbildung 9 werden die einzelnen Schriftte dargestellt. Bis zur Ebene der Corporate Image hat eine Organisation noch die komplette Kontrolle inne und kann somit auch einen maximalen

Abbildung 9: Von der CI zur Corporate Reputation

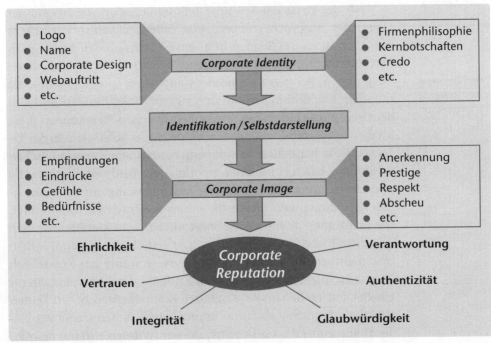

Einfluss ausüben. Die Definition der Corporate Identity wird von Unternehmen selbst gesteuert. Innerhalb des CI-Prozesses werden auch die ersten Vorbereitungen des geplanten Außenauftritts getroffen. Kernbotschaften werden definiert und Kommunikationskonzepte verabschiedet. Sobald also ein Unternehmen sozusagen identifiziert ist, sprich eindeutig über das Logo, den Firmennamen und das komplette Corporate Design definiert ist, findet die Phase der Selbstdarstellung statt. Hier werden dann die Zielgruppen bestimmt, die Produkte entwickelt, bezeichnet und zur Vermarktung vorbereitet sowie das komplette Marketing-Mix verabschiedet. Mit dem Schritt in die Öffentlichkeit gibt ein Unternehmen entscheidende Kontrollmöglichkeiten ab. Freilich können jederzeit Reaktion auf gewisse Marktentwicklungen erfolgen, Preise korrigiert oder Anzeigen überarbeitet werden. Kundenverhalten kann analysiert werden, die Medienresonanz kann ermittelt werden und schließlich bieten die wirtschaftlichen Kennzahlen dem Management eine gewisse Transparenz über den Status des Unternehmens, beziehungsweise der Produkte auf dem Markt. Dennoch ist es schier unmöglich, alle Abwägbarkeiten gleichzeitig zu kontrollieren. Höhere Gewalt kann genauso relevant sein wie zum Beispiel Aktivitäten der Konkurrenten oder institutionelle Beschlüsse.

Nach der Phase der Selbstdarstellung befinden wir uns auf der Ebene der Anspruchsgruppen. Wie bereits erwähnt, entwickeln sich hier durch das Senden bestimmter Signale oder durch spezifische Handlungsweisen unterschiedliche Bilder bei den jeweiligen Zielgruppen. Bei den Stakeholdern entstehen so emotionale oder rationale Empfindungen, die sich zu einem bestimmten und eindeutigen Image zusammensetzen. Selbstverständlich können diese Images von positiver oder aber auch negativer Natur sein. In der Regel setzen sich aus zwei Komponenten zusammen: einer logischen (kognitiver Fokus) und einer emotionalen. Beide sind notwendig und laufen normalerweise in der Wahrnehmung einer Person parallel ab. Zusammen bilden diese Komponenten ein Gesamtbild. Die emotionale Komponente sorgt für einen bestimmten Antrieb bei einem Individuum und soll es dazu veranlassen, gegenüber dem Unternehmen zu reagieren. Beispielsweise würde ein Kunde sich dazu entschließen, ein Produkt zu kaufen, oder eine Mitarbeiterin arbeitet mit mehr Einsatz. Kognitive Komponenten haben keinen effektiven Einfluss – als Stimulus muss etwas anderes, zum Beispiel die Medien oder das Call-Center, dienen. Würden also nur emotio-

*Alles, was das Unternehmen verlässt, wird schwerer kontrollierbar*

*Empfindungen bestimmen die Imagewerte*

nale Eindrücke über ein Unternehmen relevant sein, hätte das einen nachhaltigen Einfluss auf unser Gemüt, aber was fehlen würde, wären beispielsweise harte Fakten oder andere externe Informationen, die uns einen logischen Rückschluss über den Status geben. Wenn nun sowohl die kognitive als auch die emotionale Komponente mit den persönlichen Wertvorstellungen über die Handlungsweisen einer Organisation übereinstimmen, entsteht daraus eine positive Reputation. Das bei den Stakeholdern geformte Image sollte also mit den Wertevorstellungen im Einklang stehen.

Sam Walton, der Gründer des Discounters Wal-Mart hat dies für sein Konzept effizient genutzt, indem er versucht hat, mehr Auswahl und Qualität zu niedrigeren Preisen anzubieten. Dieses Konzept hat er am Markt relativ aggressiv, aber vor allen Dingen absolut konsequent durchgezogen. Wertschätzen es die Kunden? – Ja. Sind die Mitarbeiter stolz darauf, diesen Service anzubieten? – Ja. Wertschätzt die Öffentlichkeit das Konzept? – Ja. Und ist Wal-Mart wirtschaftlich erfolgreich und genießt eine positive Reputation? – Ja. Die einzige Interessensgruppe, die wahrscheinlich nicht so empfinden wird, sind die vielen Einzelhändler, die zunehmende Kundenverluste beklagen müssen, weil die Konsumenten den Discount-Markt präferieren.

Ein weiteres gutes Beispiel wie individuelle Wertvorstellungen die Unternehmensreputation beeinflussen können ist die Positionierung des bekannten Kosmetik-Unternehmens Body Shop. Die Gründerin, Anita Roddick spricht in der Außendarstellung des Unternehmens vor allem Mitarbeiter und Kunden an, für die der Umweltschutz einen großen Wert ausmacht. Die Promotion der Shops war ganz auf diese Firmenphilosophie ausgerichtet. Angefangen bei der grünen Bemalung aller Body Shop-Geschäfte über die Verwendung ausschließlich natürlicher Inhaltsstoffe bei der Produktherstellung bis hin zur Tatsache, dass nur solche Inhaltsstoffe Verwendung finden, die nicht auf Tierversuchen basieren. Diese Philosophie entspricht ganz den sozialen Vorstellungen vieler Body Shop-Kunden. Einige sehen darin sogar einen Protest gegen die excessive und aggressive Marktannäherung der Schönheits- und Kosmetikbranche.

Dass Wertvorstellungen der Anspruchsgruppen ganz intensiv in die Entstehung von Images mit einfließen zeigen weitere Beispiele. Marks und Spencer, ein großer Lebensmitteldiscounter aus Großbritannien ist vor allem für seinen ausgezeichneten Kundenservice bekannt. Ein Teil der Firmenphilosophie ist die Rücknahme von

*Wertevorstellungen beeinflussen Images*

Produkten ohne Fragen zu stellen. Das Unternehmen bringt damit seinen Verbrauchern einen enormen Vertrauensvorschuss entgegen, der bis dato jedoch nicht missbraucht wurde. Der Schallplattenproduzent Virgin hat sich vor einigen Jahren auf komplett fremdes Terrain begeben, hat eine Airline gegründet, bietet Home Entertainment und neuerdings sogar Finanzdienstleistungen an. Wer bei Virgin einen Flug in der „Upper Class" bucht, wird per Limo-Service abgeholt. Bei Virgin steht alles Im Zeichen des Lifestyle – Virgin verkörpert dieses Image nahezu auf perfekte Weise.

*Kulturelle Einflüsse bestimmen ebenso unsere Wahrnehmungen*

Wertvorstellungen sind ganz eng mit der jeweiligen Kultur einer Region verknüpft. Ein Japaner legt auf andere Dinge Wert als ein Franzose. Internationale Unternehmen müssen deshalb auch genügend Flexibilität zeigen und ihre Philosophien und Vermarktungsstrategien den lokalen kulturellen Gegebenheiten anpassen.

Um eine positive Reputation zu generieren gilt es Images über die kognitiven und emotionalen Wahrnehmungen zu kreieren und dann mit den Wertvorstellungen, die für die unterschiedlichen Stakeholder von Wichtigkeit sind, zu verbinden. Die kognitiven Empfindungen können in der Regel relativ leicht von Organisationen beeinflusst werden – emotionale Wahrnehmungen sind schwerer zu kontrollieren. Bei der Studie „Most Admired Company's", die im Fortune-Magazin erscheint, wird vor allem auf die Attribute finanzielle Performance und dem Führungspotential des jeweiligen Vorstandes oder Geschäftsführers wertgelegt.

Viele Unternehmen versäumen es in ihren Strategien auf die entscheidenden emotionalen Komponenten, welche die Anspruchsgruppen von einem Unternehmen erwarten, einzugehen. Andere wiederum versäumen den Brückenschlag zwischen den Images und den persönliche Wertvorstellungen der Stakeholder herzustellen. Erst wenn Organisationen eine erfolgreiche Verbindung zwischen den unterschiedlichen Wahrnehmungen und Werten herstellen, entsteht auf eine positive Unternehmensreputation, die in Vertrauen, Glaubwürdigkeit, Loyalität und Stabilität mündet.

Letztendlich entsteht Reputation als mehr oder weniger deutlicher oder auch verzerrter Reflex auf alle unternehmerischen Handlungen, Leistungen etc. und spiegelt insofern auch die gesamte Unternehmensidentität wider, die etwa im gesamten Erscheinungsbild (Corporate Design), allen Kommunikationsmaßnahmen (Corporate Communications) und im Verhalten aller Unternehmensmitglieder (Corporate Behavior) ihrem wahrnehmbaren Ausdruck findet.

> *Ruhm: Der Vorzug,*
> *denen bekannt zu sein, die einen*
> *nicht kennen.*

Nicolas Chamfort

Wenn die Unternehmensreputation im Kern den gesamten Ausdruck aller unternehmerischen Handlungen und Leistungen bildet, so wird ein konsequentes und zielorientiertes Reputationsmanagement auch in allen Unternehmensbereichen ansetzen müssen. Reputationsmanagement konkretisiert sich damit ganz wesentlich auch darin, dass in allen Managementbereichen (Absatz, Beschaffung, Produktion, Finanzierung, Personal etc.) systematisch darauf hingearbeitet wird, einen nachhaltigen Beitrag zur Verwirklichung der spezifischen Reputationsziele des Unternehmens sicherzustellen.

### Corporate Identity

Die Veränderung oder Entwicklung der Corporate Identity (CI) ist ein nicht zu unterschätzender Prozess, der Zeit und Geld verschlingt. Vor allem die Präsentation eines neuen Außenauftritts hat nicht immer die positive Wirkung, die sich die Entscheider erhofft haben. Und gerade weil Organisationen ungeheuer viel Geld aber auch Emotionen in die Erstellung neuer Logos, Namen und Symbole investieren, gilt es die Effekte auf das Unternehmensimage eines Unternehmens zu verdeutlichen. Nachhaltig positive Auswirkungen hat die Änderung der Corporate Identity vor allem auf Unternehmen, die sich beispielsweise in einem Änderungsprozess im Management, einem generellen Restrukturierungsprozess befinden oder ein neues Produktportfolio anbieten. Der Effekt, den ein neuer Firmenauftritt auf den Markt tatsächlich hat, verblasst schnell und ist in der Regel wenig signifikant. Dennoch ist es vor allem für Investoren und Mitarbeiter wichtig, dass einschneidende Veränderungen innerhalb eines Unternehmens nach außen signalisiert werden.

Auf der anderen Seite gibt es natürlich einige Identitäten von Unternehmen, die extrem erfolgreich auf dem Markt positioniert sind. Denken wir zum Beispiel an McDonald's, Nike oder Coca-Cola. Nike kann es sich zum Beispiel leisten, ohne den Firmennamen, ausschließlich mit dem „Swoosh" zu werben und trotzdem eindeutig erkannt zu werden. Mittlerweile assoziieren die Verbrau-

*Beispiele für erfolgreiche CI's*

cher sogar mit der ursprünglichen Symbolbezeichnung „Swoosh" die Zugehörigkeit zum Nike-Konzern.

Corporate Identity Consultants verleiten Entscheider immer wieder dazu, zu glauben, dass die Corporate Identity eines Unternehmens der entscheidende Faktor in der Entstehung des Unternehmensimages sei. Wenn sich eine Organisation in einem Änderungsprozess befindet, stellt sich natürlich die Frage, welche Größen am schnellsten und kostengünstigsten veränderbar sind. Der Werbeauftritt? Das Logo? Die Produkte? Der Kundenservice? Offensichtlich ist die einfachste und Preis-Leistungs-mäßig effizienteste Lösung, eine Werbeagentur einzuschalten, die den Außenauftritt komplett neu aufsetzt.

Bei der Umsetzung einer neuen CI wird in der Regel zunächst geklärt, wie der bestehende Auftritt genutzt und vom Stakeholder reflektiert wird. Zusammen mit den Beratern entwirft das Senior Management im Anschluss erste Vorschläge für Designs, die den momentanen Werten und Vorstellungen des Unternehmens am besten entsprechen. Die Entwürfe werden diskutiert, gegebenenfalls überarbeitet und dann wird eine finale Entscheidung gefällt.

Die Corporate Identity setzt sich aus vier Komponenten zusammen: *Name, Logo, Schriftart und Farbschema*. Hinzu kommen dann im Anschluss das Unternehmens-Dekor, die Gebäude, das Briefpapier, Uniformen und der Fuhrpark – mit diesen Elementen tangiert ein Unternehmen die Öffentlichkeit und identifiziert sich eindeutig. Es handelt sich um visuelle Charakteristika.

*Symbole umschreiben die Identität einer Organisation*

Ferner dienen Symbole zur Definition einer CI. Sie umschreiben die Erscheinungsform des gewünschten Images eines Unternehmens. Sie sollen Awareness in der Öffentlichkeit schaffen, die Wiedererkennung erleichtern sowie ein bereits vorhandenes Image in den Köpfen der Stakeholder aktivieren. Dabei spielt die Identität mehr eine taktische denn eine strategische Rolle. Ob die Taktik (die Art und Weise wie eine Organisation seine Symbole koordiniert) eines Unternehmens auch die Strategie (die gewünschte Imagebildung und die Reputation) unterstützt, können jedoch nur Forschungsergebnisse beantworten. Es gibt unterschiedliche kritische Faktoren die den Erfolg oder Misserfolg von CI-Symbolen ausmachen. Wenn ein Symbol beispielsweise überhaupt nicht erkannt wird, hat es natürlich seine Wirkung völlig verfehlt. Die Chance, dass ein Firmenlogo auch wahrgenommen wird, erhöht sich, wenn es entweder sofort „ins Auge springt" oder durch seine Lebhaftigkeit besticht.

Grelle, große oder farbenfrohe Logos nimmt das menschliche Auge leichter wahr. Jedoch wird es in einem Welt voller visueller Eindrücke immer schwieriger, diesen Ansprüchen Rechnung zu tragen. Wenn ein Logo entsprechend lebhaft gestaltet ist, fördert es den Einfallsreichtum. Der Betrachter ist emotional berührt oder erregt. Ein weiterer wichtiger Punkt ist der Wiedererkennungswert. Dieses Attribut sollte möglichst auf einer bewussten Erinnerung basieren. Die Wiedererkennung eines bestimmten Unternehmenssymbols kann unter Umständen positive Emotionen hervorrufen.

Ist die CI per se tatsächlich fähig, die Haltungen und Gefühle in Bezug auf eine Organisation direkt zu beeinflussen? Für die meisten Stakeholder generiert das Logo nicht automatisch die Empfindungen, die sich die Entwickler davon versprochen haben. Für die Unternehmen selbst lassen sich Philosophie und Credo oft sehr leicht und einfach in die Logos hineininterpretieren. Die Anspruchsgruppen benötigen entweder eine Hilfestellung oder erkennen erst gar nicht die Zusammenhänge zwischen den Symbolen und den Inhalten eines Konzerns. Das Logo des IT-Unternehmens Lucent Technologies, ein sogenannter „spin-off" des US-Telekommunikationsriesen AT&T (Bell Laboratories), ist ein hervorragendes Beispiel. Es besteht aus einem roten Kreis, der mit einem einzigen Pinselstrich gezogen ist. Das Logo soll wesentliche Charakteristika von Lucent nach außen transportieren: es soll für Kreativität und Licht (als Metapher für visionäres Denken) auf der einen und System und Konnektivität (als Spiegelung der IT-Industrie) auf der anderen Seite stehen. Bei der Einführung des Logos und seiner Bedeutungen bei den Mitarbeitern wurde ein 10-minütiges Präsentationsvideo verwendet. Grotesk genug, den eigenen Mitarbeitern die tiefere Bedeutung des Logos zu vermitteln. Wie sollen erst die anderen Stakeholder des Unternehmens jemals den tiefen Sinn eines Kreises, der mit einem Pinselstrich gezogen wurde durchschauen?

Es ist also wichtig, zu verstehen, welche Attribute, Vorstellungen und Gefühle die Anspruchsgruppen automatisch mit Namen, Farben oder Bildern verbinden. Diese Assoziationen sind darüber hinaus kulturell unterschiedlich. Außerdem sollten Designer und Entwickler des CD's genau im Bilde sein, welchen tatsächlichen Einfluss diese Wahrnehmungen in der Konsequenz auf die Stakeholder haben. Wenn wir hierzu wieder das Beispiel Lucent Technologies heranziehen, so hatte die bewusste Wahrnehmung des neuen Logos nur in er Einführungsphase des Unternehmens am Markt

*Assoziationen sollen positive Wahrnehmungen hervorrufen*

eine gewisse Durchschlagskraft. Die Verantwortlichen haben dieses Problem schnell erkannt und einen Slogan in die CI eingebaut: „Lucent – Bell Labs Innovations". Man hat sich also des gefestigten Images des ursprünglichen Gründers bedient, um der Identität der neuen Firma zum gewünschten Erfolg zu verhelfen.

Forschungsergebnisse aus den Bereichen der Semiotik (Wissenschaft der Zeichen und Zeichenreihen) und Psycholinguistik können herangezogen werden, um zu verstehen, wie Symbole und Worte in Corporate Identities zu interpretieren sind und welche sozialen Werte sie darstellen. Zum Beispiel erzeugen Bilder eine höhere Aufmerksamkeit und werden leichter wiedererkannt als Worte. Ferner sind treffende Worte leichter zu verstehen als abstrahierte. Unbedingt mit einzubeziehen sind kulturelle Indifferenzen. Was zum Beispiel den Vorstellungen von Geschmack im Norden eines Landes betrifft, muss nicht unbedingt zwingend für den Süden Geltung finden.

*Der Einfluss des Visuellen*

**Leadership-Frage**

▸ **Wie kann ich meinen Wiedererkennungswert steigern?**

- Eine sinnvolle Verbindung des Namens mit dem Unternehmenslogo (zum Beispiel der Apfel von Apple)
- Die Auswahl eines Logos, das direkt mit dem Namen assoziiert werden kann (wie beispielsweise Shell oder Puma)
- Die Untermalung durch ein Slogan kann die Botschaft massiv verstärken (z. B. 3M-innovation oder „Confidence Inspired!" von RSA Security)
- Die enge Verknüpfung des Logos dem Werbeauftritt und umgekehrt (z. B. das eindeutige, in allen Audiovisuellen Auftritten immer wiederkehrende, Tonmuster der Telekom)
- Sooft wie möglich das CI auf den Produkten darstellen und in die komplette Außendarstellung einbauen.

Slogans untermauern die Stärke einer Corporate Identity und werden daher bewusst in den jeweiligen Werbekampagnen eingesetzt. Unlängst wird der Verbraucher äußerst aggressiv und dynamisch mit Werbebotschaften konfrontiert, die bis vor kurzem noch negativ assoziiert wurden. Mit der „Ich bin doch nicht blöd!"-Kampagne wusste der Konsument anfangs herzlich wenig anzufangen. Über einen gewissen Zeitraum hat sich das Image des Discounters Media Markt als unschlagbar preisgünstig durch die aggressive und offensive Werbung jedoch geschärft. Neuerdings ist auch „Geiz geil". Der Konkurrent Saturn musste entsprechend nachziehen und hat nicht minder direkt auf den Punkt gebracht, was beim Konsumenten seit geraumer Zeit nicht nur salonfähig sondern modern geworden ist: Sparsamkeit. Der Gang zu Lidl, Saturn oder H&M ist nicht mehr gesellschaftlich negativ behaftet – im Gegenteil. Mittlerweile ist es fast schon peinlich, nicht beim Discounter einzukaufen. Dann wäre ich ja ungeil oder gar blöd. Wer nicht diesem Trend verfällt ist nicht hip und selbst schuld. So will es die Suggestion.

Ein Beispiel ganz anderer Art ist der Außenauftritt von Audi. Seit einziger Zeit setzt man beim Ingolstädter Automobilkonzern auf vollstes „Fahrvergnügen". Dieser Slogan wurde auch auf dem US-amerikanischen Markt verwendet. Mit Erfolg – wenn man heute einen Amerikaner darauf anspricht, ob er ein deutsches Wort kennt, sollte man sich nicht wundern, wenn ein „Fahrvergnugen" aus dem Mund des Gegenübers kommt. Zugegeben ist das mit der Aussprache dann so eine Sache und die Bedeutung des Wortes ist auch sekundär. Für den Empfänger mutet es dennoch ziemlich bizarr an, wenn ein Ausländer gerade und speziell auf dieses abwegige Wort kommt. Slogans und Werbebotschaften, die vom Unternehmen forciert werden sind mit Vorsicht zu genießen. Wo vielleicht gerade noch die Mitarbeiter verstehen, was es mit bestimmten Wortspielen oder Platituden auf sich hat, ist die Öffentlichkeit oft gänzlich überfordert genau zu assoziieren, wie bestimmte Ausdrücke mit der Philosophie eines Unternehmens korrespondieren.

Entscheider müssen eine klare Linie in ihrer visuellen Identität und ihrem Werbeauftritt finden und koordinieren. Nur so kann ein durchgängiger Ausdruck gegenüber den Stakeholdern gewährleistet werden. Die Königsdisziplin ist die Verschmelzung von Werten, Strategien und Unternehmenskultur mit dem Außenauftritt. Wenn dieser Transfer gelingt und effizient mit Slogans verstärkt wird, ist eine positive Wahrnehmung bei den Stakeholdern sehr wahrscheinlich. Angesichts der wachsenden Quantität an Informationen und der Masse and Werbebotschaften, mit der die Öffentlichkeit heutzutage regelrecht überschwemmt wird, gestaltet sich die Entwicklung von Charaktereigenschaften, die sich derart nachhaltig im CI manifestieren, dass sie eine direkte positive Assoziation mit einem Unternehmen erzeugen, immer schwieriger.

*Wichtig: Klarer Ausdruck gegenüber den Stakeholdergruppen*

Bei der Neuentwicklung von Logos muss man sich manchmal schon gehörig wundern, wie viel Geld Entscheider in minimalste

Veränderungen stecken und wie sie die Investitionen in diesen kostenaufwendigen Prozess gegenüber Mitarbeitern oder Investoren rechtfertigen. Da wird hier und da eine optische Änderung vollzogen oder bestimmte Produktlinien bekommen anstelle eines schwarz-weißen Auftritts plötzlich einen farbigen Teint. Natürlich müssen Unternehmen mit der Zeit gehen und sich an die Veränderungen des Marktes oder den neuen Kaufgewohnheiten der jeweiligen Zielgruppen anpassen. Meistens bleiben solche Unternehmensentscheidungen den Beweis schuldig, ob ein derartiger Aufwand auch von Erfolg gekrönt ist. Ähnlich verhält es sich auch mit der Veränderung von Firmennamen. Es ist zum Beispiel auch nicht ungewöhnlich, dass ein Unternehmen auch weiterhin für seinen alten Namen bekannt ist. Lange Zeit hat Nissan beispielsweise seine Autos in den USA unter dem Label Datsun verkauft. In Japan war die Marke jedoch unter Nissan bekannt. Eines Tages beschloss das Management im Zuge einer globalen Strategie und einem ganzheitlichen Auftritt, weltweit nur noch unter Nissan aufzutreten. Experten vermuteten hinter diesem Schachzug eine kompetitivere Marktsposition gegenüber den Mitbewerbern Honda oder Toyota. Das hätte eine höhere Kundenbindung und eine positive Auswirkung auf den Aktienmarkt nach sich gezogen. Die japanische Konzernführung hätte sich gegenseitig auf die Schulter klopfen können. Zwischen 1982 und 1984 wurde der Prozess vollzogen. Über 240 Millionen US Dollar wurde in Werbemaßnahmen investiert und allein 30 Millionen US-Dollar sind in die Auswechslung der Schilder der Vertragshändler geflossen. Eine US-weite Befragung im Jahre 1988 hat herausgefunden, dass der Name Datsun sich im Bekanntheitsgrad nicht signifikant unterschieden hat mit ähnlichen Empfindungen assoziiert wurde wie der aktuelle Name Nissan. Über die Jahre verflüchtigte sich dieses Ergebnis. Dennoch erinnern sich bis heute zahlreiche Verbraucher an den Namen Datsun. *(Yaker, S. 56)*

*Anpassungsfähigkeit ist kritisch – den richtigen Zeitpunkt für Veränderungen erkennen*

Wenn einem Unternehmen die Gratwanderung gelingt, die definierte Philosophie in der Corporate Identity auszudrücken, kann dies durchaus positive Effekte bei den Stakeholdern auslösen. Durch die Verwendung semiotischer (die soziale Bedeutung von Zeichen und Symbolen), psycholinguistischer (die Bedeutung der Worte und ihre Symbolik) oder phonetischer (Wissenschaft der Sprachlaute) Methoden kann die Corporate Identity und deren Auswirkung auf Empfindungen bei den Anspruchsgruppen untersucht werden. Wie sagen wir so schön „das liegt im Auge des Betrachters ..." – Empfindungen sind also subjektiver Natur.

> *Was den Namen Rose trägt,*
> *muss auch süß wie eine Rose riechen.*

Shakespeare

Der wichtigste Treiber für eine erfolgreiche Corporate Identity ist jedoch ein effizientes Marketing. Mit einer effizienten verkaufsfördernder Maßnahme kann fast jedes CI-Symbol und jedes Unternehmenslogo erfolgreich positioniert werden. Über die Jahre gewöhnen sich die Stakeholder vor allem an die Marken- und Firmennamen, die sie auch über einen gewissen Lebensabschnitt begleiten. Damit werben übrigens pfiffige Marketingexperten neuerdings immer häufiger. Das Produkt begleitet den Verbraucher ein Leben lang und entwickelt sich mit seinem Eigentümer direkt proportional weiter. Ein jüngstes Beispiel der Mercedes-Werbung untermauert diesen Aspekt: Erst ist der Sohn ganz jung und darf im Mercedes von Papi noch nicht fahren. Dann wäre der Junior endlich soweit, aber Papi hat Angst um sein Gefährt. Das Blatt wendet sich und nun muss der alte Papi seinen Sohn um Erlaubnis bitten, den Wagen fahren zu dürfen. Ein sympathischer Werbespot, weil er Empfindungen auslöst, die jedermann kennt.

Mercedes, Allianz, Coca-Cola, Langnese oder BASF – sind allesamt Unternehmen die wir seit Kindesalter kennen. Von diesen Firmen kennen wir das Leistungsspektrum, die Zielgruppe und wissen auch sonst allerhand Details wie zum Beispiel Produktspektrum oder Preise.

Im Gegensatz zu den CI-Experten, hat sich immer wieder gezeigt, dass die Stakeholder vermehrt ihren Instinkten als ihrer Ratio folgen. Für externe Anspruchsgruppen wie Kunden, Institutionen oder der Öffentlichkeit allgemein, dient die Corporate Identity als Wegweiser um ein Unternehmen wiederzuerkennen oder überhaupt erst wahrzunehmen. Interne Stakeholder-Gruppen, wie zum Beispiel Mitarbeiter oder Teilhaber nutzen die CI mehr als Plakette um ihre Verbindung zum unternehmen und damit ihre Zugehörigkeit auszudrücken.

*CI als Wegweiser für Anspruchsgruppen*

Die visuellen Attribute eines Unternehmens, die zur Identitätsfindung dienen, sind jedoch auf keinen Fall als Ersatz für das Unternehmensimage anzusehen. Die Entwicklung einer Corporate Identity sollte deswegen auch erst nach einer Überarbeitung beziehungsweise Ausarbeitung sowohl des Produktangebote, der Geschäftsprozesse als auch der Vermarktungsstrategien erfolgen. Diese Faktoren sind nämlich unter anderem für die Schärfung eines Corporate Images verantwortlich.

**Unternehmensimage**

Die Kommunikationswissenschaftlerin Dr. Marlene Landsch beschreibt Image wie folgt: „Die deutsche Übersetzung von Image ist Bild. Der Ausdruck Bild ist wie Image ein Allbegriff im Sinne Carnaps, das heißt er kann eine Reihe von Verbindungen mit anderen Ausdrücken eingehen, was auf große Flexibilität in der Bedeutung hinweist. Er ist einerseits nicht randscharf in seinen Bedeutungsgrenzen wie fachsprachliche Terme, andererseits aber auch kein bloßes Wort der Alltagssprache, für den eine Kernbedeutung (Kernprägnanz) zur Interpretation ausreichen würde. Unterschiedliche Verwendungsweisen in den wissenschaftlichen Disziplinen machen die Entgrenzung dieses Ausdrucks sehr deutlich: In Psychologie und Soziologie können darunter zum Beispiel *Vorstellungsbilder, Stereotypen, Archetypen, Selbst- oder Fremdbilder* verstanden werden, in der Kognitionspsychologie *Schemata*, in Philosophie und Theologie *Ebenbilder*, in der Semiotik *ikonische Zeichen* in der Betriebswirtschaft *Ideen, Einstellungen, Gefühle, Bewertungen. (Landsch, S. 232)*

*Charakteristika von Images*

Einzelne Images der unterschiedlichen Anspruchsgruppen können als Impressionen interpretiert werden, die direkt oder indirekt aufgenommen wurden und sowohl kurz- als auch mittel- oder langfristiger Natur sein können. In der Regel ist von der Entstehung einer Geschäftsidee über die Entwicklung einer Corporate Identity bis hin zur Existenz unterschiedlicher Images bei den Stakeholdern ein durchgängiger Prozess zu beobachten. Am Anfang steht die eigentliche Geschäftsidee. Das Gesellschaftsmodell wird definiert, die Geschäftsanteile verteilt und der eigentliche Geschäftszweck zu Papier gebracht. Diese Ebene mündet relativ fließend in die Unternehmenskultur, wo im Innenverhältnis die Kernbotschaften, die Unternehmenswerte – kurzum für was das neue Unternehmen stehen soll – bestimmt. Das Management entwickelt als nächsten Schritt die Corporate Identity. Ebenfalls auf der Entscheiderebene spielt sich die Entwicklung des Unternehmensprofils ab. Hier wird festgelegt, auf welche Art und Weise ein Unternehmen sich in der Öffentlichkeit inhaltlich darstellen möchte. Die Unternehmens-

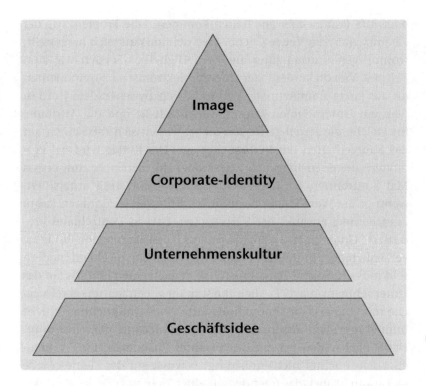

Abbildung 10:
*Imagepyramide der Bergsoe 4 Group*

images setzen sich aus den unterschiedlichen Eindrücken der Öffentlichkeit zusammen und geben einen ersten Einruck darüber, ob das definierte Unternehmensprofil entsprechend nach außen transferiert werden konnte, oder ob die Adressaten ein völlig fremdes Bild vom Unternehmen entwickelt haben. Die Werbeagentur Bergsoe 4 Group aus Dänemark stellt den Prozess von der Geschäftsidee bis hin zum Unternehmensimage treffend in einer Imagepyramide dar (siehe Abbildung 10).

Im Alltag kommt es oft vor, dass Produkte, deren Qualitäten und Merkmale mit bestimmten Ländern in Verbindung gebracht werden. Im speziellen werden dabei bestimmte Attribute mit entsprechenden Regionen assoziiert. Deutschland zum Beispiel ist über seine Grenzen hinaus für seine Automobilindustrie bekannt, Italien steht für Designermode, Japan für elektronisches Equipment und mit Frankreich wird die Kunst des Weinbaus verbunden. Dieses Phänomen überträgt sich automatisch auf die bekanntesten Markennamen aus dem jeweiligen Industriezweig in diesen Ländern. Die deutschen Marken Mercedes, Audi oder BMW stehen für hohe Automobilkunst, während schnittige Sportwägen wie Ferrari

*Assoziationen mit Regionen*

oder Alfa Romeo eher aus Italien kommen. Edle Tropfen, wie der Champagner von Veuve Clicquot werden in Frankreich hergestellt, wohingegen Konsumgüter aus dem High-Tech-Bereich wie zum Beispiel Videorekorder oder andere elektronische Komponenten oft aus Japan stammen. Die Verbindungen zwischen dem Land in dem ein Unternehmen stammt verwurzelt ist und die Attribute, für welche die jeweilige Region steht, wirken sich tatsächlich auf das Kaufverhalten der Verbraucher aus. Der Kunde wird bei Produkten, die er nicht genau kennt oder mit denen er zum ersten Mal konfrontiert wird, bei seiner Kaufentscheidung unterstützt, wenn er die Ware einem bestimmten Kulturkreis zuordnen kann. Zum Beispiel erwartet der Verbraucher, dass in Deutschland produzierte Güter bestens konstruiert, aus Japan stammende Produkte verlässlich oder in Italien hergestellte Waren entsprechend modern sein müssen. Solche Stereotypen haben auch einen Einfluss auf das Unternehmensimage. Freilich fließt in diese Betrachtung die Tatsache mit ein, dass die Produktionsstätte eines Unternehmens nicht immer mit dem ursprünglichen Herkunftsland übereinstimmt. Dabei beobachten wir ein interessantes Phänomen: Der Verbraucher selbst achtet nicht unbedingt bewusst auf das kleine „Made in Taiwan"-Label, das irgendwo in einer kleinen Ecke des Produkts angebracht wurde. Vielmehr verbindet er ein Produkt mit dem entsprechenden Brand oder dem Hersteller. Wo die Güter tatsächlich produziert wurden, fällt in diesem Zusammenhang nicht so sehr ins Gewicht. Wer beim Einkauf sehr genau ist, wirft freilich auch schon mal einen Blick auf das Herkunftsland. Aber mal ehrlich, eine signifikante und nachhaltige Wirkung auf die Impressionen von Marken und Herstellern, hat dies nicht. Die Kaufentscheidung beruht auf anderen Werten, wie zum Beispiel bestimmten Meinungsbildern, die man sich über ein Unternehmen gebildet hat.

*Images können sehr schnelllebig sein*

Wenn von außen eine bestimmte Beeinflussung erfolgt, Medien oder andere Interessensgruppen beispielsweise bewusst auf Missstände aufmerksam machen oder enthüllen, dass ein Unternehmen mit der ursprüngliche Herkunft der Ware nicht offen und ehrlich umgegangen ist, ändert der Kunde möglicherweise auch seine Meinung über ein Unternehmen. In solchen Fällen fühlt sich der Verbraucher „verschaukelt" und getäuscht und drückt diesen Gemütszustand direkt in seinem Kaufverhalten aus. Solche Szenarien können schnell zu einer handfesten Krise für eine Organisation werden. Eine offene Kommunikation nach außen und eine flankierende PR-Kampagne untermauern in solchen Fällen die Integrität eines Herstellers gegenüber seinen Stakeholdern. Wenn dies gelingt, und die Produkte tatsächlich nicht merklich an Qualität einbüßen, wird die Marke oder das Label auch weiterhin im Glanz erscheinen, unabhängig ob sie in der dritten Welt produziert wurde oder nicht. Der Kunde ist dann sogar bereit, einen hohen Preis, der nur durch ein gefestigtes Image am Markt legitimiert ist, für das Produkt seiner Wahl zu bezahlen. Die Werte, für die ein Unternehmen oder ein Produkt steht, sind unter anderem der Grund, weshalb sich Verbraucher für den Kauf entscheiden.

*Kaufverhalten wird durch Images geprägt*

Images sind, solange sie langlebig und stark implementiert sind, Träger verlässlicher Daten. Derartige Daten können numerisch oder nicht-numerisch sein. Überzeugungen, Einstellungen, Werthaltungen oder Einschätzungen fußen zunächst nicht auf empirischen Beobachtungen. Während Daten wie Bilanzen oder finanzielle Kennziffern empirisch erfasst werden können. Das Unternehmensimage hängt insgesamt von internen und externen Faktoren ab.

▶ **Welche unterschiedlichen Imagefaktoren gibt es?** `Leadership-Frage`

- gesellschaftliche
- rechtliche
- ökonomische
- institutionelle-strukturelle
- kulturelle
- psychologische
- soziale

Die organisatorische Ebene, also Hierarchien, Struktur oder Entscheidungsbereiche gehören zu den institutionell-strukturellen Imagefaktoren. Zu den ökonomischen Faktoren sind Bilanzen oder auch Produkte zu zählen, während die Tradition den kulturellen Attributen zuzuordnen ist. Sämtliche Imagefaktoren ergänzen sich zu einem Geflecht. *(Landsch, S. 228–229)*

Die Veränderung einzelner Faktoren hat zumeist auch einen Einfluss auf andere Größen. Man kann also Wechselwirkungen erkennen und daher auch sowohl Rückschlüsse ziehen als auch kausale Zusammenhänge und Abhängigkeiten erkennen. Darüber hinaus sind die einzelnen Images jeweils von einer unterschiedlichen Dichte und differieren bezüglich der Tiefe ihrer Einbettung in den

*Etablierte Marken haben Wettbewerbsvorteile*

Assoziationen der Stakeholder. Wenn ein Unternehmen über ein starkes Brand oder eine etablierte Marke verfügt, sprich am Markt aufgrund von Tradition und jahrelanger Produktqualität bekannt ist, ist davon auszugehen, dass die Kunden dieses Einzelimage sehr stark in ihren Vorstellungen eingeprägt haben.

Images sind auch Teil der Unternehmenskultur. Dabei ist der Begriff „Kultur" als genauso promiskuitiv einzustufen wie die Wörter „Image" oder „Reputation". Oft ist es so, dass das Hinzufügen von „Kultur" einen bestimmten Zusammenhang veredelt oder in der Wertigkeit entsprechend stärkt. „Politische Kultur" klingt besser als Politik oder „Streitkultur" besser als Streit – das trifft auch auf Unternehmenskultur zu. Die Definitionen des Begriffs und des Verständnisses von Unternehmenskultur variieren. Pümpin sieht in ihr „die Gesamtheit an Normen, Wertvorstellungen und Denkhaltungen, die das Verhalten der Mitarbeiter aller Stufen und somit das Erscheinungsbild eines Unternehmens prägt" (vgl. Pümpin). Kasper dagegen definiert sie wie folgt: „Unternehmenskultur ist alles das, was in einem Unternehmen einen Stellenwert hat, was als positiv oder negativ zu gelten hat, wie über die eigene Vergangenheit und die Umwelt gedacht und was voneinander gehalten wird" (vgl. *Kasper*).

▶ **Was ist Unternehmenskultur?**

**Leadership-Frage**

- Unternehmenskultur besteht aus einer Menge von Einzelfaktoren (zum Beispiel Überzeugungen, Regeln, Werte, Tradition, Design), die in einem Unternehmen wie in einem Brennglas fokussiert und gebündelt werden.
- Unternehmenskultur ist das Ergebnis kommunikativer Prozesse innerhalb eines Unternehmens in Abhängigkeit von den sozialen, wirtschaftlichen und kulturellen Systemen, die ein Unternehmen umgeben.
- Unternehmenskultur lebt von Traditionen, Akzeptanz und Lernbereitschaft der Mitglieder eines Unternehmens.
- Unternehmenskultur ist keine abstrakte Größe, sondern äußert sich in sichtbaren Zeichen.
- Unternehmenskultur stabilisiert ein Unternehmen nach innen und grenzt es nach außen – auch zur Konkurrenz hin – ab.

Begriffe wie zum Beispiel Stil, Geist, Wesen, Profil, Charakter oder Persönlichkeit finden häufig als Synonyme für Unternehmenskultur Verwendung. Die Kultur eines Unternehmens ist als Ergebnis vieler unterschiedlicher kommunikativer Prozesse zu verstehen. Und zwar sowohl in Bezug auf die Kommunikation nach außen wie auch im innerbetrieblichen Verhältnis. Images sind die sichtbaren Zeichen dieser Prozesse. Wenn nun zwischen Inhalts- und Beziehungsaspekten unterschieden wird, sind Images vornehmlich Träger von Beziehungsaspekten. Sie stabilisieren ein Unternehmen nach innen und nach außen, justieren emotionale Befindlichkeiten und erhöhen die Akzeptanz der Anspruchsgruppen gegenüber einem Unternehmen. Über Imageanalysen werden diese Prozesse kontrolliert und gedeutet. Entscheidend für aussagekräftige Analysen ist der Einbezug interner Daten der innerbetrieblichen Kommunikation und nicht nur ein purer Fokus auf Informationen, die aus der unternehmensexternen Öffentlichkeit gewonnen werden. *(Landsch, S. 228)*

Es gibt also für das Verständnis der Unternehmenskultur ebenso wenig eine *ultima ratio* wie im Kontext Image und Reputation. Unternehmenskultur ist in den Köpfen vieler Manager all das, was vom Unternehmen selbst bestimmt wird – also vom Corporate Design über Corporate Identity bis hin zur Festlegung eines Unternehmens-Credos, das als philosophischer Leitfaden für Mitarbeiter gelten soll. Freilich sind diese Größen zu gewichten. Die Außenwirkung des Unternehmens und die daraus resultierende positive oder negative Grundhaltung der Stakeholder beeinflussen jedoch auch die Unternehmenskultur. Genau aus diesem Grund sind die Analyse und die Wirkungsweisen bis dato sehr limitiert. Die meisten Monitoring-Prozesse konzentrieren sich nur auf bestimmte Zusammenhänge. Es gilt jedoch einen integrierten Ansatz zu finden, der es erlaubt, unterschiedliche Aspekte transparent zu machen. Die gewonnenen Informationen und Daten sollen empirisch fundierte kausale Zusammenhänge ermöglichen, die als Grundlage für strategische Managementprozesse dienen. Es ist also wichtig, die Wechselwirkungen der Images in den Diskurs mit einzubeziehen.

*Einbindung in Managementprozesse*

Das Unternehmensimage wird nach Grahame Dowling (Dowling, S. 188 ff.) durch das *Land* (mitsamt der kulturellen Unterschiede), durch die *Industrie* sowie durch die *Marke* bestimmt.

Die Assoziationen der Stakeholder stellt bei der Ermittlung eines Unternehmensimages die zentrale Bezugsquelle dar.

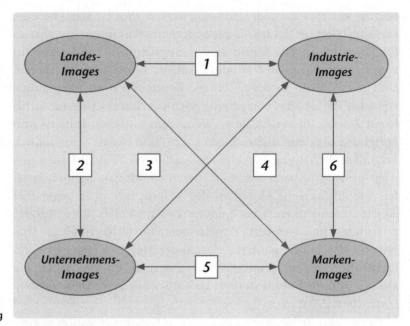

Abbildung 11:
**Das Imagenetzwerk nach Dawling**

*Bestimmte Länder stehen für bestimmte Werte*

Das folgende Netzwerk von G. Dowling, enthält sechs unterschiedliche mögliche Einflussquellen für Unternehmensimages. Je stärker der Bezug zwischen zwei Attributen ist, desto mehr Möglichkeiten existieren für die Steigerung des Gesamtimages (siehe Abbildung 11).

Pfeil Nummer 1 weist darauf hin, dass bestimmte Länder für ihre Industrien bekannt sind. Das Bankenwesen in der Schweiz, das Ölgeschäft in Saudi-Arabien oder die Whisky-Industrie in Schottland assoziieren in der Öffentlichkeit bekannte Meinungsbilder. Oftmals werden Länder auch für ein bestimmtes Know-how und ihre Expertise in Bezug auf bestimmte Industrien wahrgenommen. Deutschland steht für Ingenieur-Fachwissen, Schweden und Finnland für Design- oder Frankreich und Italien für Mode-Expertise. Diese Assoziationen gelten nicht nur Länder-übergreifend sondern treffen auch für spezielle Regionen zu. Die Wall Street ist beispielsweise weltweit für das Anlagegeschäft berühmt. Hollywood in Los Angeles steht für Show-Business, während sich in den letzten Jahren das Silicon Valley in Kalifornien zum weltweit wichtigsten Standort der Informationstechnologie entwickelt hat.

Die deutsche Automobilbranche genießt global höchstes Ansehen (siehe Abbildung 12). Audi und Porsche gelten als sportliche Fahrzeuge, die einem hohen technologischen Standard entspre-

## Definition des Reputationsbegriffs

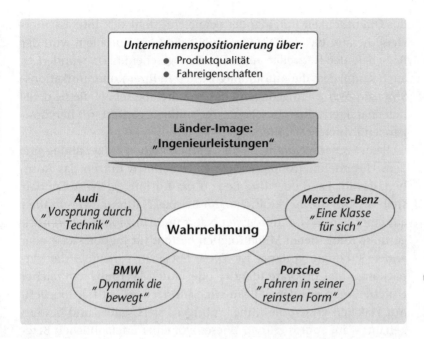

Abbildung 12:
Unterschiedliche Wahrnehmung deutscher Automobilhersteller

chen, während BMW und Mercedes-Benz als Autos der Oberklasse einstufen lassen, deren Verarbeitung und Funktionalitäten keiner weiteren Diskussion bedürfen. Sowohl auf Produktverarbeitungsseite als auch was die Fahreigenschaften angeht, stehen diese Marken allesamt für eine exzellente Ingenieursleistung.

Die einzelnen Hersteller unterscheiden sich in Bezug auf ihre spezifischen Images. Porsche und Audi haben die sportlich fahrende Zielgruppe im Visier, während Mercedes-Benz und BMW den solventen Verbraucher ansprechen. Freilich ist dies eine Einschätzung, welche die einzelnen Typen und Baureihen unberücksichtigt lässt. Jede Klasse und jedes Modell verkörpert beim Stakeholder wiederum andere Bilder. Eine A-Klasse beispielsweise verfügt schon *per se* über andere Eigenschaften als die S-Klasse. Entsprechend differiert auch die Wahrnehmung. Darüber hinaus haben BMW und Mercedes-Benz schon längst Autos auf den Markt gebracht, die in Sachen Sportlichkeit der Konkurrenz wohl in nichts nachstehen. Und Audi hat schon längst das luxuriöse Marktsegment besetzt. Im Produktportfolio selbst stehen sich die Hersteller in (fast) nichts nach.

Wenn man nun die deutschen Automobilhersteller in Bezug auf deren Selbstverständnis und der tatsächlichen Wahrnehmung in

*Hersteller verkörpern unterschiedliche Images*

der Öffentlichkeit miteinander vergleicht, stellt sich interessanterweise heraus, das die Differenz nicht groß ist. Vor allem wird der Botschaft der Hersteller auch Glauben geschenkt. Da wundert es auch kaum, dass die Automobilgiganten in ihrer Kommunikations-Strategie zwei wichtige Eigenschaften miteinbeziehen, die sie deutlich charakterisieren: Exzellente Technologie gepaart mit hervorragenden Fahreigenschaften.

*Unternehmen profitieren von Landesimages*

Beim Szenario Nummer 2 der Grafik korrelieren das Landes- mit dem Unternehmensimage. Viele Unternehmen nutzen das Ansehen, das ihr Land oder ihre Region hat für ihre eigene Außendarstellung. Das Allgäu verbindet zum Beispiel Natur und Gesundheit auf besondere Weise. In reinster Natur und Umgebung leben noch gesunde Kühe, deren Milch folglich bestens für Joghurt, Käse oder andere Produkte geeignet ist. Diese Botschaft wird über die Verpackung, die Corporate Identity oder durch Werbung zahlreicher Unternehmen aus dem Allgäu wirksam nach außen transportiert. Auf Plakaten grasen die Kühe – übrigens stets sauber und bestens genährt – auf endlos grünen Wiesen vor einer unglaublichen Bergkulisse. Derartige, fast schon kitschig anmutende, Szenarien rufen bei der Zielgruppe natürlich entsprechende Assoziationen auf der emotionalen Ebene hervor. Dass die Milchwirtschaft längst nicht mehr idyllisch im urigen Bauernhof abläuft, sondern in großen Fabriken, die sich auch chemischer Hilfsmittel bedienen, nimmt der Verbraucher angesichts der Flut an gesunden und natürlichen Eindrücken freilich nicht wahr.

Dieser Beziehung bedienen sich die Firmen oft, indem sie die Länder- oder die jeweilige Region als integralen Bestandteil in ihre Corporate Identity aufnehmen. Die „Credit Suisse" ist auf der ganzen Welt bekannt und nutzt das Schweizer Image als weltweit führende Nation in Bezug auf Finanzdienstleistungen – das Land selbst wurde zum Teil des Firmenauftritts. Natürlich verrät es dem Verbraucher auch das Ursprungsland eines Unternehmens, oft ist diese Intuition jedoch sekundär. Ähnliche Beispiele sind American Airlines, Deutscher Herold oder American Express. Auch in Slogans wird gern Bezug auf Länder oder Regionen genommen – Quantas – The Spirit of Australia oder Löwenbräu – ein Bier wie Bayern, um Beispiele zu nennen.

Pfeil Nummer 3 stellt die Verbindung zwischen dem Landes- und dem Marken-Image dar. Marken wie Coca-Cola, McDonald's, Disney, Hewlett-Packard oder Ford haben das Image von America auf der ganzen Welt geprägt. Die McDonald's-Franchise setzt auf eine strikte Einhaltung der globalen Corporate Identity. Jede Filiale auf der Welt ist sofort als McDonald's zu erkennen. Die Mitarbeiter tragen die gleiche Uniform und die Angebote unterscheiden sich nur marginal. Die Stärke liegt im Wiedererkennungswert. Der Konsument weiß sofort, was er für ein Angebot erwarten kann und wo er es findet – und das ist überall auf der Welt gleich. McDonald's kann also behaupten, dass dieselbe Qualität zu ähnlichen Preisen angeboten wird. Gleiches gilt für den Service. Somit wurde auch ein Stück des „American way of life" in die ganze Welt getragen – Fast food als kulturelles Gesellschaftsgut.

*Wiedererkennung erleichtert Entscheidung der Konsumenten*

Das Image Amerikas als schnelllebige Konsum- und Business-Gesellschaft wurde nachhaltig durch die oben genanten Marken geprägt. Namen wie Fuji, Mitsubishi, Toyota, Toshiba, Sony oder Yamaha verbindet jeder mit dem Image Japans als Produzent einer High-Tech-Traumwelt und Hersteller günstiger und verlässlicher Automobile mit einer umfassenden Serienausstattung.

Seit längerer Zeit beschäftigen sich Marketing-Experten mit dem Global Branding-Ansatz. Ähnliche Produkt auf die selbe Art und Weise in unterschiedlichen Ländern zu vermarkten steht dabei im Vordergrund. Diese Standardisierung schafft die Möglichkeit, Produkte günstiger anbieten zu können, spricht den Kunden auch langfristig mit einer unverwechselbaren Botschaft an und verwirrt nicht mit komplizierten Produkt-Klassifizierungen. Beispiele wie Coca-Cola, Levi's oder Harley-Davidson belegen, dass dieser Ansatz zumindest für große Unternehmen, die in ihren Ländern ein überdurchschnittliches Image besitzen, auf globaler Ebene erfolgreich durchführbar ist. Die Marken werden zu potenten Brands, die den Lifestyle des jeweiligen Landes transferieren. Vor allem im Mode- und Beautybereich funktioniert global Branding ebenso erfolgreich.

Zu den Wechselwirkungen zwischen dem Unternehmens- und dem Industrie-Image (siehe Nummer 4) lässt sich Folgendes feststellen: Es gibt ohne Zweifel Industrien die ein wesentlich besseres Image bei Stakeholdern haben als andere. Unterhaltung, Kunst oder das Gesundheitswesen sind in der Öffentlichkeit anerkannter als zum Beispiel Glücksspiel, die Waffen- oder Tabakindustrie. In der Regel gehen weniger angesehene Industriezweige mit ihrer Informationspolitik sehr vorsichtig um. So erstaunt es nicht, dass wir über solche Branchen herzlich wenig wissen. Wie viele Waffen-

*Auch Industrien verfügen über Images*

hersteller fallen uns aus dem Stegreif ein? Gibt es einen Hersteller von Glücksspielautomaten, den wir nennen könnten? Viele Unternehmen, die in derartigen Geschäftsfeldern agieren, müssen jedoch kaum Öffentlichkeitsarbeit betreiben. Sie sind oft im Business-to-Business-Umfeld tätig, ihr Kundenkreis ist über Generationen hinweg unverändert geblieben oder sie haben eine relativ monopolistische Marktstellung. Unternehmen aus den weniger anerkannten Industrien, die auf ein gewisses Maß an Kommunikation jedoch nicht verzichten können, und ihre Kunden direkt ansprechen müssen bedienen sich oft psychologischer Tricks. Die Corporate Identity wird kurzerhand entsprechend positiv nach außen dargestellt – Namen werden in ihrer Bedeutung geändert oder Firmen mit zusätzlichen Begriffen versehen. Hersteller aus der Glücksspielindustrie nennen sich dann „Spiel- und Unterhaltungsfirma XY".

Unternehmen wie zum Beispiel 3M, General Electric oder Du Pont, die in unterschiedlichen Branchen tätig sind und infolgedessen ein breitgefächertes Produktportfolio mit verschiedenen Marken anbieten müssen auch unterschiedliche Zielgruppen, deren Bedürfnisse und Wertevorstellungen ansprechen. Wenn diese Unternehmen gelingt, in den spezifischen Nischen positive Assoziationen aufzubauen, kann das natürlich auch das Corporate Image direkt proportional beeinflussen. Ein Konzern kann im besten Fall das gute Standing in einem bestimmte Industriezweig in einen anderen übertragen. Das erleichtert unter Umständen den Markteintritt oder die Einführung einer neuen Produktlinie. Der Automobilbauer nobler Karossen, RollsRoyce, stellt unter anderem Motoren für den Flugzeugbau her. Das Image als Lieferant qualitativ hochwertiger Technologie hat sich aus den Teilimages beider Branchen zusammengesetzt.

*Positives Corporate Image unterstützt Teilimages*

Großkonzerne, die unterschiedliche Produkte herstellen laufen aber auch Gefahr, dass ihr Image an Schärfe verliert und die vielen Teil-Images der unterschiedlichen Marken sich nicht in deinem Gesamtbild wiederspiegeln. Viele dieser Großkonzerne sind nur für einen Bereich ihres Produktportfolios bekannt und werden für diese Marke oder Produkte in der Außenwirkung positiv wahrgenommen. In solchen Fällen trifft die alten „Marken-Weisheit" zu, dass es besser ist, für eine Leistung anerkannt zu werden, als in vielen Teilbereichen unbeachtet zu sein.

Nummer 5 der Grafik beschreibt die Verbindungen zwischen Unternehmens- und Marken-Image. Der Mega-Konzern Procter &

Gamble vereint etwa 350 einzelne Marken, wie zum Beispiel Head & Shoulders, Oil of Olaz, Pantene oder Pringles unter einem Dach. Die Vermarktungsstrategie fokussiert die jeweiligen Zielgruppen der einzelnen Produktsegmente. Jede Anspruchsgruppe wird mit anderen Kernbotschaften adressiert – es gibt keine „Common Selling Proposition". Viele Stakeholder nehmen den Namen Procter & Gamble nicht wahr und wissen zum Teil gar nicht, dass gewisse Marken zum Dachkonzern gehören. Die Images der einzelnen Brands sind jedoch auf ihren diversen Märkten so gefestigt, dass Unternehmen insgesamt floriert. Auf der anderen Seite ist Procter & Gamble bei vielen Verbrauchern als solides und gefestigtes Unternehmen bekannt, ohne zu wissen, welche Brands eigentlich alle zum Konzern gehören.

*Ruhm du bist ein Traum,*
*ein toller Rausch in eitlen Jugendtagen.*

Mistral

Ein mit positiven Attributen assoziiertes Unternehmen kann sein Image wiederum dazu nutzen, einzelne Marken zum entsprechenden Erfolg zu verhelfen. Gerade wenn es um kritische Märkte geht, kann ein Brand mit positiver Außenwirkung dazu beitragen, mögliche Bedenken beim Verbraucher abzubauen und ihm das Gefühl zu geben, dass der Kauf keinerlei Risiken darstellt.

*Eine positiv assoziierte Marke erleichtert die Kundenansprache*

Um näher auf das Verhältnis zwischen einem Unternehmensimage und einem bestimmten Produkt einzugehen, sind auch die Hierarchien von Brands genauer zu untersuchen. Vor allem im Verbrauchermarkt werden die Assoziationen des Firmennamens oder des Namens einer bestimmten Produktfamilie vermischt. Ein kleines Beispiel für die vollständige Bezeichnung eines ganz bestimmten Automobils: Volkswagen (Corporate Brand) Golf (Familie) GTI (Modell). Die Eindrücke, die ein sportlicher Fahrer mit dem Golf GTI verbindet sind sicherlich von einer anderen Couleur als die eines Golf Variant mit nur 75 PS. Eine bestimmte Zielgruppe, auf die in der Regel spezifische Produkte auch zugeschnitten sind, wird die positiven Wahrnehmungen des Produktes mittel- und langfristig auf das Image des ganzen Unternehmens projizieren. Diesen Effekt nutzen vor allem Firmen, die aufgrund eines spezielles Produkts einen guten Ruf am Markt genießen. Die Brauerei Elders IXL aus Australien, die das weltberühmte Foster's-Bier herstellen, war früher höchstens Insidern bekannt. Seit der Umfirmierung in

Foster's Brewing Company wird sie jedoch bis über die Grenzen des Kontinents wahrgenommen. Auf der einen Seite limitieren sich Organisationen, indem sie schon in der Corporate Identity auf eine Marke fokussieren. Andererseits kann sich der positive Eindruck der Stakeholder auch auf das restliche Portfolio übertragen.

Der sechste Pfeil beschreibt den Einfluss von starken Namen auf das Image einer ganzen Industrie. Die Images des Softdrink-Giganten Coca-Cola beispielsweise oder der Einfluss von McDonald's und Burger King auf die weltweite Fast-Food Kultur sind hierfür signifikante Beispiele. Die Brands werden überall auf der Erde wahrgenommen, unabhängig von Kulturkreis und Einkommensverhältnissen. Der Fast-Food Markt steht und fällt mit den jeweils aktuellen Images von McDonald's, Pizza Hut oder Burger King. Wenn bei einem Konzern Gerüchte über die Tierhaltung, gewisse Inhaltsstoffe oder die Entsorgung des Abfalls aufkommen, sind die anderen Unternehmen in gleichem Maß betroffen. Die Auswirkung einer Krise überträgt sich dann direkt proportional auf die Konkurrenz. McDonald's verfolgt auf der ganzen Welt eine sehr strikte Marken-Politik. Die Mitarbeiter tragen alle dasselbe Outfit, die Speisekarte unterscheidet sich in den unterschiedlichen Regionen nur unwesentlich und die Architektur der Restaurants ist so gestaltet, dass Kunden schon bei 100 Meter Sichtweite einen McDonald's erkennen können – ob in Japan, USA oder in Skandinavien.

Derartige Beziehungen zwischen einem Länder-, einem Industrie-, und einem Unternehmensimage können nur über sehr detaillierte Forschungsarbeit ermittelt werden. Innerhalb der einzelnen Felder gibt es wiederum unterschiedliche Stakeholder, deren Eindrücke in eine Gesamtbetrachtung einfließen.

In einem Ära, wo strategische Partnerschaften immer moderner werden und zum Teil zum Überleben eines Unternehmens beitragen, ist es sehr aufschlussreich, einmal näher auf die Tatsache einzugehen, wie Unternehmen auf das positive Image eines Geschäftspartners aufspringen, um in gleichem Maße davon zu profitieren. Ein gutes Beispiel liefert uns die Modewelt. Die Nobelmarken Gucci, Versace oder Daniel Hechter wird man niemals bei H&M oder an der Stange einer günstigen Kaufhauskette finden. Derartige Labels werden in hochpreisigen Boutiquen oder Fachgeschäften verkauft. Der Brand wird entsprechend seines Klientels vermarktet und angepriesen – er würde sofort an Wert verlieren, wenn er bei einem Discounter angeboten wird. Die Qualität mag vielleicht gleich bleiben,

*Bestimmte Brands werden weltweit wahrgenommen*

bei den Kunden würde sich so etwas jedoch leicht herumsprechen, die Marke würde vor allem an Image einbüßen und könnte in Konsequenz nicht mehr zu einem hohen Preis verkauft werden.

Die Marken stehen und fallen also auch mit ihren jeweiligen Vertriebskanälen. Im Luxusbereich wird eben ein finanzkräftiges Publikum angesprochen, während bei Discountern die Masse im Vordergrund steht. Die Gewinnmarschen am Ende eines Verkaufstages sind möglicherweise gar nicht so unterschiedlich. Speziell in der Textilbranche ist vieles vom Image der Hersteller abhängig. Qualitativ sind die Unterschiede zu günstigeren Produkten für den Endverbraucher oft gar nicht auszumachen. Deshalb ist es für Anbieter in diesem Markt besonders wichtig zu signalisieren, dass die Produkte für Qualität stehen und die Kunden die Loyalität eines Unternehmens mit Weltruhm genießen. Sonst könnten Luxusartikelhersteller die hohen Preise nicht rechtfertigen. Klassische Instrumente, hochpreisige Produkte erfolgreich zu verkaufen sind der hohe Preis selbst, entsprechende Werbung, welche ins Herz der Zielgruppe trifft, Garantien, exzellenter Service beim Verkauf sowie einer ausgezeichneten Reputation am Markt.

Die Serviceleistungen werden durch Händler abgedeckt, die einen ebenfalls exzellenten Ruf genießen und als Anbieter von „First-Class"-Waren gelten. Ein Händlernetz mit gefestigtem Image in den jeweiligen Regionen ist für den Erfolg einer Marke auf diesem Sektor unerlässlich. Wer sollte einem unbekannten oder neugegründeten Textilhersteller eine lebenslange Garantie auf einen exklusiven Herrenanzug abnehmen? Wenn dieser Anzug jedoch bei Harrod's in London oder in einer stadtbekannten Herrenboutique mit Tradition angeboten wird, vertraut die Kundschaft auf solche Aussagen. Die potentiellen Verkäufer übertragen also das Image des Händlers, Discounters oder Distributors auf die Produkte, die dort im Angebot sind. Ohne die positiven Meinungsbilder des indirekten Vertriebskanals würden viele Marken heute nicht mehr existieren. Umgekehrt wären auch viele Kaufhäuser und Einzelhändler vom Markt verschwunden. Über Jahrhunderte hinweg hat sich das indirekte Vertriebsmodell für bestimmte Märkte bewährt und bietet beiden Parteien entsprechende Vorteile. Deshalb spielt die Vertriebspolitik eines Unternehmens auch in der Reputations-Betrachtung eine Rolle. Der Erfolg einer solchen Partnerschaft ist auch bei diesem Modell in einem wesentlichen Maße von der gegenseitigen Unterstützung und Informationspolitik geprägt. Es reicht zum Beispiel

*Auch die Images der Vertriebspartner bestimmen über den Erfolg*

nicht aus, die Regale von Händlern mit Produkten zu füllen – ein Hersteller muss seinen Vertrieb schulen und tatkräftig unterstützen. Der indirekte Vertriebskanal ist nicht umsonst mittlerweile von Begriffen wie Cross-Marketing geprägt. Die Zielgruppe kann nur gemeinsam effizient erreicht werden. Nur durch ein sinnvolles bündeln der Kräfte ist auch ein erfolgreicher Absatz der Produkte möglich.

*Sinnvolle Unterstützung der Vertriebskanäle als Erfolgsgarant*

Ein weiteres signifikantes Beispiel für die Nutzung eines „fremden" Unternehmensimages sind sogenannte OEM (Original Equipment Manufacturer)-Partnerschaften. Hier produzieren Zulieferer spezifische Produkte und Bauteile, die in den Produktionsprozess eines anderen Produktes mit einfließen. Für den Endverbraucher ist es dann meistens nicht ersichtlich, welche Unternehmen an der Herstellung mitgewirkt haben. Oft kennt der Anwender nicht einmal den Namen der Kernkomponente, also dem eigentlichen Herzstücks, eines Produkts. Vor allem in der IT- oder Elektronikindustrie werden Produkte mit einer hohen Anzahl externe Bauteile erstellt. Wie erwähnt, bleiben die Hersteller der Einzelteile meist „unerkannt". Es gibt aber auch Fälle, wie Zulieferer über Partnerschaften mit großen Unternehmen enorm an Ansehen auf dem Markt gewonnen haben. Marketing-Experten sprechen in diesem Zusammenhang von einem sogenannten „branded ingredient" – also einem Bestandteil mit hohem Markenwert.

**Beispiel**

**Die Erfolgsgeschichte des Chipherstellers Intel**

Im Zuge der Markteinführung des neuen 486er Prozessors hat Intel 1991 allen PC-Herstellern, die den Chip in ihre Systeme integriert haben ein einmaliges Angebot, dem nur wenige widerstehen konnten: Intel bot an, für die Hälfte der Werbungskosten für Anzeigen und Spots aufzukommen, wenn das „Intel Inside"-Logo im jeweiligen Werbeformat genannt wird. Die PC-Hersteller waren außer Stande zu diesem Zeitpunkt die Konsequenzen vorherzusehen. Die Kunden haben den Prozessor als Kernstück der PC's angesehen. Diese aggressive Marketingkampagne und die damit verbundene Streuung der Botschaft, hat sich rasch zum Multiplikator entwickelt. Verhältnismäßig schnell haben sich darüber hinaus die Kaufgewohnheiten der Kunden gewandelt. In Zeiten, wo IBM die Branche noch dominierte, waren die Kaufentscheidungen eng an den Hersteller gebunden. Wer sich risikoavers verhalten hat, schaffte sich einen Computer von Hewlett Packard, Compaq oder IBM an. Wer sich etwas besser auskannte, technisch versierter war und somit imstande, ein Preis-Leistungs-Verhältnis anzustellen, hat sich unter Umständen auch für ein „No-Name"-Produkt aus Asien entschieden. Das Image der PC-Hersteller war also ausschlaggebend für die finale Kaufentscheidung. Anfang der 90er hat sich jedoch dieses Verhaltensmuster drastisch verändert. Die Leistung eines kleinen Chips, sprich einem einzigen Bauteil des Computers, wurde plötzlich zum wichtigsten Kriterium. Die Tatsache, ob der PC einen 486er oder einen Pentium-Prozessor enthält dominierte über Preis,

Design und Herstellerfirma. Und siehe da, auf einmal spielte Intel im Konzert der Großen wie Dell, Toshiba, IBM, HP und so weiter, die erste Geige. Das war jedoch nicht der einzige Effekt, den Intel auf die IT-Industrie auslöste. Mit der wachsenden Marktstellung des Chip-Herstellers ist auch das Image der PC-Herstellers gesunken. Intel schaffte schnell den Sprung unter die Top Ten der Fortune-Umfrage während Unternehmen wie IBM an Plätzen verlor. *(Dowling, S. 203)*

Ein weiteres Beispiel liefert uns der Soft-Drink Konzern Coca-Cola. Durch das simple Hinzufügung des Inhaltsstoffes NutraSweet hat das Unternehmen ein neues Produkt entworfen: Diet Coke. Die Produktionsprozesse mussten dabei nicht verändert werden und die Vertriebsstrategie ist ebenfalls gleich geblieben. Außer der Vermarktung des neuen Produkts hat sich für Coca-Cola nichts geändert. Mit einer produktorientierten Marketingstrategie wurde eine neue Zielgruppe erschlossen. Weil das Vertrauen der Verbraucher in NutraSweet gestärkt ist – die Konsumenten verbinden mit dem Inhaltsstoff gesunde Ernährung und Wohlbefinden – ließ der Erfolg von Diet Coke nicht lange auf sich warten.

OEM-Modelle ergeben oftmals für alle Seiten eine produktive „Win-Win"-Situation. Kleinere Unternehmen liefern Komponenten, die in Produkte integriert werden, aber für den Endverbraucher unsichtbar bleiben. Sie liefern ganz bestimmte Funktionalitäten und bieten dem großen Brand daher Mehrwerte, welche dieser wiederum als Vermarktungsargument anpreisen kann. Das kalifornische Software-Unternehmen Phoenix Technologies zum Beispiel sind die Entwickler von BIOS, die Firmware fast aller Computer auf der Welt. Damit Windows oder andere Betriebssysteme überhaupt erst laufen, ist BIOS unabdingbar. Phoenix hat unlängst eine erweiterte BIOS-Version auf den Markt gebracht, die Diagnose-Tools und andere Sicherheitsfunktionalitäten enthält. Unabhängig vom Betriebssystem kann der Anwender erste Schritte nach einem Systemabsturz einleiten, ohne gleich einen Experten aus der IT-Abteilung oder einen Systemadministrator hinzuzuziehen. Die Version ist wieder als OEM-Produkt auf unterschiedlichen Motherboards bei den meisten PC-Herstellern eingebaut. Die Hersteller können nun mit der Botschaft werben, dass die neuen Phoenix-Funktionen, die im Hintergrund ablaufen einen enormen Mehrwert für den Verbraucher bieten. Somit profitiert der Hersteller von der Partnerschaft, denn er kann seinen Kunden für fast dieselben Konditionen einen echten „Value-Add" bieten. Phoenix wiederum nutzt die bestehende Marketing-Maschinerie der PC-Produzenten und

*Kooperationen: Images können auch übertragen werden*

generiert seinen Umsatz direkt proportional aus den verkauften Computern. Wenn Nischenprodukte also einen bestimmte technologische Innovation bieten, haben sie die Möglichkeit, sich im Business-to-Business-Geschäft stark zu positionieren. Solche Unternehmen müssen nicht immer „klein" sein – Phoenix verkauft jährlich über 100 Millionen Produkte. Innerhalb des Kundenkreises, also im Business-to-Business-Bereich, ist Phoenix ein Begriff – mit den Cross-Marketing-Aktivitäten wird nun auch der Endanwender angesprochen und das Unternehmen wird für die Öffentlichkeit sichtbar. Ähnlich wie beim Intel-Beispiel verbinden Verbraucher ihre Kaufentscheidung mit der verbesserten BIOS-Funktionalität. Zumeist tauchen diese Unternehmen jedoch nicht im Vordergrund auf – für den Verbraucher sind sie unsichtbar. Solche Organisationen laufen oft Gefahr von einem großen Konzern aufgekauft zu werden. Einer Akquisition entgehen sie meistens nur, wenn sich ihre Unique Selling Proposition (USP) auch entsprechend auf die Absatzzahlen niederschlägt. Eine OEM-Partnerschaft kann also für beide Parteien von einem hohen Nutzen sein. Es bieten sich neue Marketing- und Vertriebs-Ansätze, die möglicherweise eine erweiterte Zielgruppe ansprechen und einen entsprechenden Umsatzwachstum nach sich ziehen.

*Partnerschaften ermöglichen neue Potentiale für Imagegewinn*

Unternehmen werden also durch ihren Namen, ihr einzigartiges Logo sowie die Art und Weise, wie sie sich hinsichtlich ihrer Planungen, Aktivitäten und Intentionen präsentieren, wahrgenommen. Die Öffentlichkeit reflektiert diesen Außenauftritt, woraus sich entsprechend positive oder negative Images herauskristallisieren. Im Idealfall ist das Unternehmensimage ein Spiegelbild der Corporate Identity. Meistens ist das Image jedoch verzerrt. Die gängigsten Gründe hierfür sind die Selbstinszenierung des Unternehmens auf der einen und die Entstehung von Gerüchten auf der anderen Seite. In solchen Fällen differiert das Image von Anspruchsgruppen mit der Corporate Identity.

**Kernsatz**

◆ Die Unternehmens-Reputation ist als Gesamtheit aller Bilder zu interpretieren, die bei den Stakeholdern vorhanden sind. Sie stellt sozusagen die „Netto"-Assoziation oder emotionale Reaktion – ob gut oder schlecht – von Kunden, Investoren, Mitarbeitern und der Öffentlichkeit in Bezug auf ein Unternehmen dar. Reputation besteht aus Wahrnehmungen, die von außen oder innen entstehen.

Gerade weil diese Wahrnehmungen auf einer großen Menge unterschiedlicher Bilder fußt und eine Vielzahl von Stakeholdern an diesem Prozess beteiligt sind, ist die Reputation eines Unternehmens ein komplexes Konstrukt, das äußerst schwer zu managen ist.

## 2.3
## Reputation als Wertetreiber

Vor allem sogenannte Service Provider, wie zum Beispiel Beratungsunternehmen, Juristen, Investment Banken, Universitäten oder auch Krankenhäuser sind massiv mit Fragen der Reputation konfrontiert. Alan Greenspan von der Harvard Universität hat es 1999 wie folgt formuliert: „In der heutigen Welt, wo Ideen den wirtschaftlichen Wert physischer Güter ersetzen, wird der Wettbewerb um die Reputation zur treibenden Kraft, welche die Wirtschaft nach vorn bringt. Hergestellte Güter können bereits vor einer tatsächlichen Transaktion evaluiert werden. Service Provider hingegen können zumeist ausschließlich ihre Reputation anbieten."

*Im Servicebereich ist Reputation ein kritisches Erfolgsgut*

Service ist das wertvollste Gut, das diese Unternehmen anbieten. Es ist ihr zentrales Kriterium in der Wertschöpfung und es ist eine weiche Größe. Wirtschaftswissenschaftler sprechen von Leistungen, die in gutem Glauben erworben wurden, also eng mit der Reputation des jeweiligen Anbieters verknüpft sind. Mittlerweile verteidigen Service-Provider diese Werte vehement, nicht zuletzt weil der Wettbewerb im Dienstleistungssektor über die letzten Jahre hinweg zugenommen hat. Die Dienstleister sind sich heutzutage sehr genau darüber bewusst, dass es letztlich ihre Reputation ist, die ihre Kunden bindet. Die Reputation stellt eine signifikante Größe dar, die jedoch nirgendwo in der Bilanz auftaucht.

*Ein Ruhm, der schnell erfolgt,*
*erlischt auch früh.*

Schopenhauer

Diesem Zitat von Schopenhauer gilt es vorzubeugen. Ein bestimmter Grad an Außenwahrnehmung in der Öffentlichkeit impliziert nämlich gleichzeitig auch eine hohe Verantwortung für Organisationen. Um diesen Grad an Reputation zu erhalten und gegebenenfalls noch weiter auszubauen gilt es, die unterschiedlichen Erwartungshaltungen, welche die Stakeholder mit ihrer bestimmten

Wahrnehmung verbinden, zu befriedigen. Für jedes Unternehmen, jede öffentliche Institution gibt es unterschiedliche Mittel und Möglichkeiten, eine existente Reputation und die Erwartungen der Kunden, Investoren oder Mitarbeiter zu erfüllen.

**Leadership-Frage** ▶ **Wie kann ich Reputation stabilisieren und ausbauen?**

- Einhaltung von Qualitätsstandards, Normen und Zertifizierungen
- Erfüllung von angekündigten Personalmaßnahmen (Gehaltserhöhung, Freizeitausgleich etc.)
- Vorankündigungen termingerecht einhalten
- Kernbotschaften für eine stringente Kommunikation formulieren und „leben"
- Vertriebsprogramme umsetzen
- Offen kommunizieren (mit allen Stakeholdern)
- Erfolgreich Krisen meistern
- Soziales Engagement
- Etc.

Ein Top-Manager aus der Lebensmittelbranche bringt es treffend auf den Punkt: „Ein Vorstandsvorsitzender eines Unternehmens ist für das Wachstum eines Unternehmens verantwortlich, das mittels der finanziellen Performance, der Bereitschaft zur stetigen Selbstkritik und dem Charakter eines Unternehmens bewertet wird. Der Charakter einer Organisation kann jedoch ausschließlich über ihre Reputation bemessen werden."

*Reputation ist aus vielen Gründen wichtig*

Reputation ist also eine kritische Größe, nicht nur für Personen und Produkte, sondern auch für Unternehmen. Die Reputation eines Unternehmens beeinflusst unser Kaufverhalten, die Sicherheiten unserer Geldanlagen oder die Jobangebote, die wir wahrnehmen. Reputation kann jedoch auch ein kritischer und gefährlicher Indikator sein. Wir verbinden gewisse Ideale mit denen, die es in unseren Augen „geschafft" haben. Nicht selten bauen sich Verbraucher eine Scheinwelt auf, in der sie ihre Wünsche und Ideale vereint sehen. Deshalb entscheiden wir uns für den exklusiven Franzosen beim Essengehen, tragen Designerkleidung, fahren Mercedes-Benz oder bezahlen mit der Master Card Gold. In der heutigen Zeit haben derartige Statussymbole oft an ihrem einstigen Wert verloren. Den Mercedes gibt es zu günstigen Finanzierungsgebühren, die Master

Card Gold sagt wenig über den Status aus und das Essen beim Franzosen ist auch nicht unbezahlbar. Es ist zweifelsohne leichter geworden, sich Status-Träume zu verwirklichen.

Die Computerbranche wird von den bekannten Herstellern wie IBM, Hewlett Packard, Dell, Fujitsu Siemens, Sun und Apple beherrscht. Diese Firmen verkörpern nach außen technologisches Know-how, hohe Qualitätsstandards sowie Garantie- und Serviceleistungen. Solche Global-Player-Unternehmen haben eine gefestigte Reputation am Markt. Der Konsument kann dieser Marke Vertrauen schenken und bringt ihnen eine hohes Maß an Glaubwürdigkeit entgegen. Gerade das PC-Geschäft ist jedoch ein signifikantes Beispiel, wie schnell sich das Blatt wenden kann. Die großen Discounter des Landes, Aldi, Lidl, Media Markt oder gar der Kaffee-Röster Tchibo verkaufen PC's und Laptops von No-Name Labels zu absoluten Tiefpreisen. Da speziell die zunehmenden diffizilen Technologien im PC-Bereich für den Verbraucher immer schwerer nachvollziehbar sind, lautet das Geheimrezept: Komplettangebote mit integrierter Funktionalität. Der Konsument greift zu einem Produkt und muss sich keine Gedanken um die sinnvolle Zusammenstellung von Drucker, Monitor und Rechner machen. Außerdem wird er nicht mit unverständlichem Input eines Fachverkäufers belastet. Ein Trend, der speziell in wirtschaftlich schwierigen Zeiten zu beobachten ist. Und über die anfänglich kritisch beurteilte Qualität sind sich die Verbraucher nicht zuletzt seit einschlägigen Medienberichten und Stiftung Warentest-Ergebnissen einig: Für wenig Geld gibt es die gleiche Leistung. Und wieder gerät die Marke offensichtlich ins Hintertreffen. Und die Reputation der Discounter wächst direkt proportional zur Anzahl der verkauften Geräte. Eine hervorragende Gelegenheit für die einst vielbelächelten Billiganbieter, auch in branchenfremden Bereichen kräftig Pluspunkte zu sammeln und wichtige Marktanteile zu gewinnen.

*Große Marken machen sich das Leben oft selbst schwer*

Ein bestimmtes Meinungsbild in der Öffentlichkeit kann den Erfolg oder Misserfolg einer Organisation auf unterschiedlichen Ebenen tangieren. IBM war beispielsweise lange Zeit alleiniger Marktführer. Ende der 1980er jedoch kam ein gewisser Druck bei den Käufern auf, dass Discounts gewährt werden sollten, andernfalls sehe man von einem Geschäft ab. Diese Discounts hat IBM zunächst nicht gewährt, was ein hohes Maß an Entrüstung auslöste. Die IBM-Aktie brach signifikant ein, der Umsatz ging zurück und das Unternehmen hat ein hohes Maß der aufgebauten Reputation verloren. Allein 1992 verlor IBM mehr als 50 Prozent seines Marktwerts.

Reputation ist eine wertvolle Unternehmensgröße in vielerlei Hinsicht. Sie vermittelt den Stakeholdern Kaufanreize, macht Mitarbeiter stolz, für eine bestimmte Organisation zu arbeiten oder unterstützt Investoren bei der Entscheidung der Geldanlage. Sie verkörpert auch eine strategische Größe im Management-Kontext. Sie gibt Managern Hilfestellungen in der Preispolitik oder aber in vertrieblichen Problemstellungen.

*Reputation: strategische Größe im Managementkontext*

Reputation beeinflusst uns also täglich – ob bewusst oder unbewusst. Im schlimmsten Fall hat ein Stakeholder ein folgendes Bild über ein Unternehmen:

> **Ich kenne ...**
> - ... Ihre Identität nicht.
> - ... Ihr Unternehmen nicht.
> - ... Ihre Kunden nicht.
> - ... Ihre Alleinstellungsmerkmale nicht.
> - ... Ihren Umsatz nicht.
> - ... Ihre Reputation nicht
> 
> **Wie war das nun gleich, was wollten Sie mir verkaufen?**

Wenn ein Unternehmen so positioniert ist, sollte es sich schnellstmöglich externes Know-how zur Unterstützung ins Haus beordern. Bei der Verabschiedung eines effizienten Kommunikations-Konzepts, das eine Verbesserung der Reputation nach sich ziehen sollte, stellt der sogenannte IDUS-Test eine gute Hilfe für das Unternehmen dar. Wenn sich ein Unternehmen nämlich kritisch mit den folgenden Fragen auseinandersetzt, können auch entsprechende Schwachstellen herausgefunden werden. Im nächsten Schritt können dann die Ziele und Umsetzungsmöglichkeiten festgelegt werden.

**IDUS-Test:**

- Is what your organization does important to employees or customers?
- Can the organization really deliver a valuable product/service?
- Is this unique?
- Is this sustainable over time?

Reputation ist ein „intangible asset", also ein weiches Anlagegut. Manager sind sich darüber einig, dass weiche Größen in der wirtschaftlichen Betrachtung von Unternehmen eine wesentliche Rolle spielen. Mitunter sind diese Faktoren fortdauernd und beständiger als Technologien oder Produkte. Vor allem in der Bewertung des Gesamtwerts eines Unternehmens werden weiche Größen in Zukunft eine tragende Rolle spielen. Firmen wie Toshiba, Daimler Chrysler, Nestlé oder Vodafone gelten als etablierte Konzerne und verfügen über eine gefestigte Reputation. Bei der bilanztechnischen Bewertung solcher Konzerne fließt diese Größe jedoch nicht in die Betrachtung mit ein.

Noch stellt der Buchwert die ausschlaggebende Größe bei der Unternehmensbewertung dar. Erst in einer detaillierteren Analyse werden auch Größen wie der Kundenstamm, das Management oder die Ertragslage ins Kalkül gezogen. Experten sehen weiche Größen zwar als Teil der Wertschöpfungskette, sind jedoch bis dato nicht in der Lage, diese monetär zu bewerten. Fehlende Standards in der Annäherung sowie nicht-kompetitive Instrumente werden als Grund für dieses Dilemma genannt.

Die Reputation eines Unternehmens stellt einen enormen – aber nicht eindeutig bezifferbaren – wirtschaftlichen Wert dar.

*Wieviel ist Reputation wert?*

Stellen wir doch einmal an dieser Stelle einen Vergleich mit der Welt des Sports an. Olympische Athleten bestechen durch ihr Ausdauer, ihre Fitness, ihre Muskelkraft oder ihre Schnelligkeit. Ein olympischer Hürdenläufer ist schneller als der Durchschnitt, weil er genau weiß, wann er aus dem Startblock herausschießen muss, weil er den exakten Absprungszeitpunkt über die Hürde kennt, weil er während des Rennens imstande ist, sein Tempo nochmals zu erhöhen und weil er im Finish weitere Reserven freimachen kann. Eine genau abgestimmte und bis aufs kleinste Detail ausgelegte Vorbereitung ist jedoch für den Athleten unabdingbar, um für den Wettkampftag auf den Punkt gewappnet zu sein und entsprechende Höchstleistungen abrufen zu können. Dafür trainiert der Sportler seine Muskelkraft, achtet auf eine gesunde und ausgewogene Ernährung. Darüber hinaus, weiß er genau, welches Wettkampfdress sich im Windkanal am besten bewährt hat und mit welchen Schuhen die schnellsten Laufzeiten erzielt wurden. Kurzum, ein Olympionik ist genau im Bilde darüber, was es heißt, die Dinge eben ein bisschen besser und erfolgreicher umzusetzen – ein bisschen schneller, ein bisschen stärker zu sein oder ein bisschen ausdauernder zu sein.

Das macht aus ihm einen Top-Athleten, der fähig ist, sich mit den besten der Welt zu messen und bestenfalls eine Medaille als Anerkennung seiner Höchstleistungen zu gewinnen.

*Positive Images müssen permanent erarbeitet werden*

Dieses Beispiel lässt sich, wenn auch in einer abstrakteren Form, ebenso auf Unternehmen übertragen. Eine positive Wahrnehmung bei den Stakeholdern muss hart erarbeitet werden und fliegt einer Organisation nicht von selbst zu. Es gilt, einen einzigartigen Außenauftritt zu schaffen, sich permanent mit den wichtigsten Konkurrenten zu messen (Benchmark) und an den Werten festzuhalten, die neben einer effizienten Wertschöpfung auch für ein gewünschtes Bild in der Öffentlichkeit sorgen. Und deshalb gelten ähnliche Gesetze im Sport wie in der Wirtschaft. Die Unternehmen, die in unserer Gesellschaft über die beste Reputation verfügen, übertrumpfen die Konkurrenz in Sachen Prestige, Status und Ruhm, weil es ihnen gelingt eine gewisse Einzigartigkeit zu entwickeln und erfolgreich zu etablieren. Die Managementprozesse in solchen Unternehmen untermauern diese Einzigartigkeit, welche die Images bei den Stakeholdern bezüglich Glaubwürdigkeit, Verlässlichkeit, Verantwortlichkeit und Vertrauen schärft.

In diesem Kontext kann Reputation sowohl als Produkt selbst als auch als Bei-Produkt des Wettbewerbs interpretiert werden. Die hochangesehensten Unternehmen halten an ihrer Einzigartigkeit fest und proklamieren sie mit Nachdruck in der Öffentlichkeit. Sie vergleichen sich ständig mit der Konkurrenz und entwickeln dabei auch nicht-alltägliche Praktiken, die ihr „Standing" nochmals verstärken. Nicht zuletzt seit den Liberalisierungsmaßnahmen und der damit verbundenen Lockerung der Gesetze zur vergleichenden Werbung, nimmt derartiges Geschäftsgebaren zu.

Einzigartigkeit hat im Zusammenhang mit der Außenwahrnehmung einen enormen Einfluss. Coca-Cola im Softdrink-Bereich, McDonald's im Fast-Food-Markt, Mercedes Benz als Automobilhersteller oder Kodak als Fotografie-Unternehmen genießen eine hohe Reputation, weil es ihnen gelungen ist, einzigartige Produkte zu entwickeln, herzustellen und zu vermarkten. Bei Umfragen werden viele Unternehmen sogar unmittelbar mit den Produkten, die sie herstellen assoziiert. Diese Organisation verdanken ihre positive Wahrnehmung offensichtlich der Einzigartigkeit ihrer Produkte. Diese Tatsache gilt nicht nur in der Außenwirkung sondern auch im Innenverhältnis. Oft hängt dies mit der starken Führungspersönlichkeit eines Firmengründers unmittelbar zusammen. Neben den Unternehmenscredos werden dann zum Beispiel Dress-Codes ausgesprochen, an die sich jeder Mitarbeiter zu halten hat. Bei IBM mussten die Mitarbeiter in weißen Hemden und Anzügen erscheinen – die Einrichtung der Büros wurde vom Vorstand vorgegeben, ebenso der Ablauf von Veranstaltungen und die definierte Arbeitsweise in den operativen Geschäftsabläufen. Dieses Bild stand einst in einem starken Kontrast zum wichtigsten Konkurrenten, Apple. Bei Apple gab es keine derartigen Vorgaben. Jedes Unternehmen ist für sich einzigartig und die klare Identität hat dazu beigetragen, die Reputation entsprechend zu stärken. Deshalb war es für alle Beteiligten auch sehr verwunderlich, als IBM im Februar 1995 angekündigt hat, nicht mehr am Dress-Code festzuhalten und die Regelung zu lockern. Eine starke Führung hat einen bestimmen Einfluss auf die Wahrnehmung der Mitarbeiter gegenüber dem Unternehmen.

Einzigartig, glaubwürdig und konsistent zu sein, ruft aber auch Imitatoren auf den Plan und erhöht somit auch den Wettbewerb. Was funktioniert wird oft kopiert. Deshalb sind beispielsweise Manager von angesehenen Unternehmen bestrebt zu wissen, wie sie von außen wahrgenommen werden – speziell von ihren Kunden und Investoren. Ähnlich wie Athleten, messen sie sich mit den anderen Größen aus ihrer Branche. Die Entwicklungen in bestimmten Märkten wird oft von Rivalitäten geprägt – unter Umständen haben diese eine direkte Auswirkung auf eine gesamte Branche. Denken wir in diesem Zusammenhang zum Beispiel an Coca-Cola und Pepsi, an Nokia und Ericsson, an Mercedes Benz, BMW und Audi. Entscheider vergleichen sich mit der Konkurrenz um strategische Investitionen zu rechtfertigen oder über Budgets in Bezug auf Marketing-Aktivitäten zu entscheiden. Über Rabatte oder andere Bonus-Programme wird um die Gunst und der Kunden gekämpft, um so dem Konkurrenten Marktanteile zu entreißen. Dabei geht es im wesentlichen um Prestige und Anerkennung.

*Gute Ideen werden oft kopiert*

*Neid ist des Ruhms Begleiter.*

**Cornelius Nepos**

Benchmarking ist daher heute aus dem strategischen Management nicht mehr wegzudenken. Es gilt als effizientes Werkzeug für Entscheidungsfindungsprozesse oder wenn es darum geht, Änderungen innerhalb eines Unternehmens durchzuführen. Oftmals imitieren Organisationen die Management-Aktivitäten, die bei der Konkurrenz nachweislich zu Erfolgen geführt hat. Sobald ein Konzern in

Bezug auf ein Produkt oder eine Marketing-Aktion positive Resultate hinsichtlich der Außenwirkung erzielt hat, wird die Konkurrenz aufmerksam und versucht die erfolgreiche Strategie zu kopieren. Vor allem Unternehmen, die für ausgesprochen hohe Qualität bekannt sind oder eine marktführende Position inne haben, werden immer wieder kopiert – Hewlett Packard im PC-Umfeld, Toshiba als Hersteller elektronischer Geräte aller Art oder Nike als Textilwarenproduzent.

*Erfolgreiche Marken und Konzepte stehen besonders im Fokus*

Die Konkurrenz vergleicht ihre Handlungen mit diesen „Global Player"-Unternehmen indem

- ihre administrativen und operativen Prozesse beobachtet,
- die Beziehungen zu Mitarbeitern, Lieferanten, Distributoren und den Medien untersucht.
- die Marktpositionierung verfolgt und der Einfluss auf die Öffentlichkeit analysiert werden.

Mittel- und langfristig versprechen sich die Rivalen von der Nachahmung, dass die Stakeholder ähnlich positive Assoziationen mit dem „geklonten" Produkt oder einer bestimmten Handlungsweise empfinden. Vor allem im Konsumgüterbereich sind wir täglich mit derartigen Nachahmung konfrontiert: Im der Spirituosenindustrie sind Hersteller intensiv auf der Suche nach neuen Trends. Früher musste der Verbraucher sein Radler (oder Alsterwasser) noch auf die klassische Weise selbst mischen. Mittlerweile gibt es unzählige eigene Marken unterschiedlicher Brauereien. Der Erfolg des Misch- oder Mix-Getränks hat sich aber noch weiter verbreitet. Plötzlich war es nicht mehr nur Zitronen-Limonade, die mit Bier gemischt wurde, sondern Cola, Whiskey oder andere Getränke. Beim Erreichen der jungen Party-Generation sind der Fantasie der Hersteller offensichtlich keine Grenzen gesetzt. Und was sich auf dem Markt bewährt hat wird kopiert, mit einem neuen Label oder Design versehen und vermarktet – in der Hoffnung, dass der Konsument ähnlich oft zum „neuen" Artikel greift.

Es ist davon auszugehen, dass ein geklontes Produkt einen ähnlichen Absatz erzielen kann, der altbewährte und ursprüngliche Artikel jedoch aufgrund seiner etablierten Marktposition und einer gefestigten Reputation nicht an Wert und damit an Umsatzzahlen verliert. Kommt eine imitierte Fassung jedoch relativ zeitnah zum ursprünglichen Produkt auf den Markt, kann es sein, dass der Konsument die zeitliche Verzögerung kaum wahrnimmt, eine positive

Wahrnehmung noch nicht entstehen konnte und somit der Vorsprung eines ursprünglichen Artikels irrelevant ist. Es gibt aber auch Fälle, wo die Kopie eines Produkts wesentlich mehr Erfolg hatte. Ein signifikantes Beispiel hierfür ist die „Rollerblade-Geschichte: Mitte der 80er hat die US-Firma Rollerblade die Idee, das Rollschuhfahren wiederzubeleben und sogar noch attraktiver zu machen. Gerade im Sportartikel-Segment, tauchen Trends in gewissen Zyklen immer wieder auf. Einst erfolgreiche Produkte werden ein wenig modifiziert und durch aggressives Marketing wieder auf dem Markt eingeführt. So hat Rollerblade also den In-Line Skate entworfen und wahrscheinlich nicht ahnen können, welche Lawine damit losgetreten wird. In-Line Skating ist zum Volkssport geworden. In den Städten werden im Sommer regelmäßig die Zentren abgeriegelt, damit Tausende Skater auf den Rollen durch die Straßen jagen können. In der Anfangsphase sprachen die wenigsten Menschen jedoch von In-Line Skating, sondern vielmehr von Rollerblading.

*Wo kopierte Konzepte erfolgreicher sind als das Original*

Dem Unternehmen ist es also gelungen, dass der eigene Firmennamen in der Öffentlichkeit gleichzeitig eine Sportart bezeichnete. Nach und nach begannen andere Firmen aus der Sportartikelindustrie auf den Trend der neuen Sportart auszuspringen. Die Firma Rollerblade hat viel Zeit vor Gericht verbracht, um alle Konkurrenten anzuklagen, die Rollerblading als Synonym für den Sport In-Line Skating nutzten. Doch dieser Schuss ging nach hinten los. Die Kalifornier haben es nämlich versäumt in einer kritischen Zeit, wo Verbraucher das erste Paar Schuhe gekauft haben, neue und wettbewerbsfähige Skates zu entwerfen oder andere innovative Modifikationen vorzunehmen. Während Rollerblade die Zeit im Gericht verbrachte, haben die Konkurrenten längst den Boom und den Millionen-schweren Markt erkannt. Unternehmen wie zum Beispiel K2 haben die Bedürfnisse der Skater genau analysiert und in die Produktentwicklung mit einfließen lassen. K2 hat mit dem Soft-Boot eine bequeme Alternativen zum Hartschalen-Schuh von Rollerblade entworfen und direkt ins Herz der Verbraucher getroffen. Rollerblade hat den Zug verpasst und wurde bald von der Firma Benetton aufgekauft. Mittlerweile baut auch Rollerblade auf den Softboot – K2 ist jedoch zum unumstrittenen Marktführer bei den Freizeit-Skates herangewachsen.

Im Volksmund hat sich übrigens mittlerweile der Begriff In-Line-Skating durchgesetzt. Und wer heute immer noch von Rollerblading spricht fährt deshalb noch lange keinen Schuh von Rol-

> *Auszeichnungen erhöhen das Ansehen von Unternehmen*

lerblade. Der wirtschaftliche Vorteil dieser Assoziation wurde in diesem Fall nicht ausgenützt.

Auch Preisverleihungen haben einen Einfluss auf die Unternehmensreputation. Dabei kämpfen die Unternehmen direkt um die Gunst der Juroren. Auszeichnungen, die in der Wirtschaft einen hohen Stellenwert genießen, bilden für Organisationen unter Umständen einen nicht zu unterschätzenden Mehrwert. Sie haben einen Einfluss auf Image und Reputation. Meistens erhalten Gewinner von Preisen auch eine große Publicity. Der Gewinn kann in Marketingmaßnahmen sinnvoll integriert werden und erhöht die Glaubwürdigkeit eines Unternehmens. Schließlich kann ein Unternehmen oder seine Produkte so schlecht nicht sein, wenn es im Stande ist, Preise zu gewinnen. Wenn „unabhängige" Juroren über die Güte eines Produkts entscheiden, lässt dies positive Rückschlüsse auf die Qualität, das Design oder den Grad an Innovation zu. Für kleinere Unternehmen kann der Sieg bei einer Preisverleihung auch den Aufstieg in die Liga der angesehensten Firmen bedeuten. Der Verbraucher beginnt, das Unternehmen quasi „unter einem neuen Licht" zu sehen und assoziiert positive Attribute mit der Organisation.

> *Seneca*

*Der Ruhm ist der Schatten der Tugend; er folgt ihr auch ungeheißen.*

Die Reputation eines Unternehmens bildet sich also aus seiner Einzigartigkeit und seinen Identitäts-schärfenden Prozessen heraus. Diese erzeugen bei der Anspruchsgruppe bestimmte Wahrnehmungen, mit denen Vertrauen, Glaubwürdigkeit, Verlässlichkeit und Verantwortung verbunden werden. Hat eine Firma eine entsprechende Reputation inne, kann diese vor Nachahmungen der Konkurrenz effektiv schützen. Reputation wird in diesem Zusammenhang eindeutig zu einem strategischen Wert. Um von einem solchen Vorteil profitieren zu können, muss ein Unternehmen erst einmal effiziente Prozesse entwickeln, die es der Konkurrenz erschweren, Produkte oder Handlungen zu kopieren. Und um mittel- und langfristig den Grad einer Reputation zu erhalten und den Stakeholdern das entgegengebrachte Vertrauen zu rechtfertigen, müssen Unternehmen damit beginnen, Reputation zu managen. An späterer Stelle werden wir noch in aller Ausführlichkeit darauf eingehen, was Organisationen in diesem Kontext unbedingt beachten müssen, wie sie den Grad ihrer Reputation messen können und welche strategischen Managementansätze es gibt, um einen direkten Einfluss zu nehmen.

▶ **Welche Auswirkungen kann eine positive Reputation auf mein Unternehmen haben?** `Leadership-Frage`

- Sie kann die Wettbewerbssituation verbessern
- Sie schärft die Wahrnehmung in der Öffentlichkeit
- Sie fördert das Kaufinteresse
- Sie gibt dem Produktportfolie psychologische Mehrwerte (z. B. Vertrauen)
- Sie reduziert das Kaufrisiko
- Sie unterstützt die Kundenbindung
- Sie steigert die Glaubwürdigkeit
- Sie erleichtert die Preispolitik
- Sie unterstützt die Mitarbeiterrekrutierung
- Sie erhöht die Loyalität der Stakeholdern
- Sie unterstützt Marketing- und Sales-Aktivitäten
- Sie sendet Signale an den Mitbewerb
- Sie erhöht das Interesse von Investoren
- Sie erleichtert die Verhandlungen mit Partnern oder Distributoren
- Sie reduziert das Krisenpotential
- Sie stabilisiert die Umsatzsituation

◆ **Reputation ist als Stimulus zu sehen, der Unternehmen in einer zunehmenden Wettbewerbssituation entsprechend am Markt positioniert.** `Kernsatz`

Reputation ist de facto eine Erfolgsgröße. Um sie möglichst effizient zu managen bedarf es Kontroll- und Evaluierungsmechanismen. Anhand der gewonnenen Informationen können Verhaltensmaßregeln und Kommunikationskonzepte entworfen werden.

Ein wichtiges Ziel in diesem Zusammenhang ist das Streben nach Einzigartigkeit. Unternehmen suchen in ihrer Kommunikation nach Unique Selling Propositions (USP's) – sowohl auf Produkt- als auch auf Corporate-Seite. Wenn ein solches einzigartiges Unterscheidungskriterium erst einmal gefunden, definiert und kommuniziert wurde, wird auch die Positionierung in den gewünschten Marktsegmenten erheblich erleichtert. Freilich gibt es für jeden Markt und jede Branche einen anderen Fokus beim Prozess der Positionierung. Für Unternehmen, die auf eine gefestigte Tradition bauen und äußerst konservativ in ihrem handeln sind, gilt es vor allen Dingen, den von den Konsumenten erwarteten Qualitätsnachweis zu erbringen. Die gilt vor allen Dingen für Luxusgüter. Es ist zum Beispiel kaum zu erwarten, dass Automobilhersteller wie Bentley oder Rolls-Royce mit der Herstellung eines Sportwagens die Öffentlichkeit verblüffen. Dass die dominanten Automarken dieser Welt jedoch diese Luxusmarken mit einem etwas verstaubten aber dennoch gefestigten Image vermehrt einverleiben, zeigt deutlich, dass nach wie vor ein großer Markt für Luxuskarossen vorhanden ist.

Mit der Wiedergeburt der alten Luxusmarke Maybach hat DaimlerChrysler unlängst für Furore gesorgt. Fast scheint es, dass Unternehmen wie DaimlerChrysler oder BMW bestrebt sind, sich ins Haus zu schaffen, was sie schon länger verloren haben. Das Image als Produzent von Luxus und Klasse. Nicht zuletzt ein wichtiges Kriterium für zahlungskräftiges Klientel. In diesem Zusammenhang könnte man fast schon von der Wiederentdeckung des Luxus sprechen. Gerade die alte Nobelmarke Mercedes Benz hat in den letzten Jahren einen neuen Weg eingeschlagen. Die Fusion mit Chrysler wirkte auf viele Stakeholder etwas befremdlich. Mercedes-Benz möchte seine Stakeholder wieder vom Image als Technologie- und Innovationsführer überzeugen.

*Automobilbranche: geringe Innovationszyklen*

Fast schon zwanghaft, so scheint es, ist der Automobilhersteller auf das wachsende Bedürfnis des Verbrauchers nach Innovation und Abwechslung eingegangen. Früher konnte das Portfolio von Mercedes sehr leicht definiert werden: C-Klasse, E-Klasse und S-Klasse. Mittlerweile muss man schon ganz exakt hinschauen, will man einen Mercedes noch auf den ersten Blick erkennen. Es gibt eine Vielfalt an unterschiedlichen Modellen und Klassen: A-Klasse, M-Klasse, dazu sportliche Coupés wie CLK, SL oder SLK und nicht zu vergessen die Jeeps und den Maybach. Ferner die Sparte die Chrysler in die Fusion eingebracht hat und neuerdings auch noch den Smart, sozusagen der virtuelle Mercedes. Nach außen nicht als Marke des Herstellers zu erkennen, doch mittlerweile weiß jedermann, dass der Smart aus dem hause Mercedes kommt. DaimlerChrysler hat also erkannt, dass den divergierenden Interessen der unterschiedlichen Zielgruppen entsprechend individuell beggegnet werden muss. Es reicht in einer zunehmenden Wettbewerbssituation heute nicht mehr aus, seiner Marke treu zu bleiben und ausschließlich auf Qualität und Stil zu achten. Klar, wer sich Luxus leisten kann, will entsprechend mit Luxusartikeln bedient werden. Eine wachsende Produktvielfalt und eine vermehrte Konzentration auf die Kundenbedürfnisse erhöhen jedoch den Druck auf die Anbieter. Unternehmen müssen extrem flexibel sein und möglichst zeitnah auf die sich in einer sehr schnelllebigen Zeit permanent ändernden Bedürfnisse entsprechend reagieren können. Wer dem Druck und der Dynamik nicht standhält wird schnell in der Gunst der Kunden nach unten durchgereicht. Die Außenwahrnehmung bei den Stakeholdern eines Unternehmens ist daher proportional zu den eben beschriebenen Entwicklungen immer wichtiger geworden. Wenn in der Öffentlichkeit eine äußerst positive Wahrnehmung und Empfindung in Bezug auf ein bestimmtes Unternehmen existiert, kann dies direkte Auswirkungen auf die Effizienz und die Effektivität im operativen Geschäft nach sich ziehen. Genauso gut hat eine negative Reputation einen gegenteiligen Effekt – die Stakeholder vertrauen einem Unternehmen nicht, schenken den Kernbotschaften keinen Glauben und das spiegelt sich negativ wider: sinkende Umsätze, Unzufriedenheit bei Mitarbeitern, Investoren, Teilhabern und Partnern oder fallende Aktienkurse schlagen zu Buche. Offensichtlich hat eine positive Reputation also entsprechende Auswirkung auf die finanzielle und operative Performance einer Organisation.

*Positive Reputation hat direkte Auswirkungen auf das Tagesgeschäft*

Unternehmen, die sich mit einer einzigartigen Außenwahrnehmung am Markt positionieren wollen, fokussieren entsprechend ihrer divergierender Ausrichtung und Branchen unterschiedliche Bereiche.

▶ **Wie kann ich mich am Markt effizient positionieren?**

`Leadership-Frage`

- *Innovation:* Neue Ideen entwickeln, in absatzträchtige Produkte implementieren und effizient vermarkten
- *Operativen Geschäftsabläufen:* Über ein optimales Preis-Leistungs-Verhältnis und Vertriebswege Mehrumsatz generieren und Investoren akquirieren.
- *Kundennähe:* Kundenservice verbessern und das Produktportfolio an das Verhalten der Verbraucher anpassen.
- *Soziale Verantwortung:* Einsatz für die Umwelt und soziale Kompetenz hat positiven Einfluss auf die Wahrnehmung

*Interne Prozesse beeinflussen Reputation*

Die meisten Vorteile, die ein Unternehmen aus einer positiven Reputation erhält, resultieren aus externen Einflüssen. Dennoch gilt es, auch die Wahrnehmung innerhalb der Firmengrenzen ins Kalkül zu ziehen. Vor allem für Unternehmen, bei denen massive Veränderungen im Innenverhältnis drohen oder anstehen, kann Reputation schnell zum Stolperstein werden. Bei Restrukturierungsmaßnahmen oder Stellenabbau wird dies schnell zu einem äußerst kritischen Thema. Auf der anderen Seite kann es für Firmen sehr von Vorteil sein, einen Fokus auf die Reputation innerhalb des Unternehmens zu legen. Das effizientes Management der Meinungsbildung bei den Mitarbeitern kann Vertrauen, Engagement oder ein gewisses Zugehörigkeitsgefühl nach sich ziehen. Unternehmen wie zum Beispiel 3M, Disney oder Singapore Airlines können als signifikante Beispiele genannt werden. 3M ist bekannt für seinen hohen Grad an Innovationsfähigkeit während Disney und Singapore Airlines einen exzellenten Service verkörpern. Diese Unternehmen bauen sehr stark auf ihre Mitarbeiter, wenn es um die externe Positionierung geht und verfolgen diese Philosophie schon seit Jahren.

Eine positive Reputation hat unter Umständen auch einen nicht zu unterschätzenden strategischen Wert. Zum Beispiel kann es den Marketing-Mix eines Unternehmens beeinflussen oder existierende Elemente des Mix komplettieren.

**Die 4 P's im Marketing Mix:**

- Product
- Price
- Place (in Bezug auf Distribution)
- Promotion

Welche Auswirkungen in diesem Zusammenhang eine Reputation auf die Preispolitik darstellt, sei in folgendem Beispiel verdeutlicht:

**Beispiel**

1983 gingen die beiden Automobilhersteller Toyota und General Motors ein Joint Venture ein, die New United Motor Manufacturing Inc. Seit 1989 hat diese Firma zwei fast identische Fahrzeuge für dieselbe Produktlinie hergestellt – den „Toyota Corolla" und den „GM Geo Prizm". Der Toyota wurde 1989 für ungefähr 9.000 US Dollar verkauft, für annähernd zehn Prozent mehr als sein „Zwilling". Der Corolla setzte sich zunächst ein wenig schwächer ab als der Geo Prizm, dafür erzielte das Fahrzeug auf dem Gebrauchtwagenmarkt einen durchschnittlich um 18 Prozent höheren Preis. Wie ist das zu erklären?

Der Grund ist in der Reputation von Toyota auf dem US-amerikanischen Markt zu suchen. Die Käufer vertrauten einem Toyota offensichtlich weitaus mehr als einem GM, obgleich dies Automobil von einer US-Firma produziert wurde. Außerdem waren sie von der Qualität des Japaners offensichtlich mehr angetan. Nach dem Kauf, hielte der gewohnt freundliche Service der Toyota-Händler an und somit erhöhte sich auch der wirtschaftliche Vorsprung gegenüber GM. Der Effekt der positiven Reputation auf die Verkaufszahlen und vor allem den Profit war enorm. Zwischen 1990 und 1994 beliefen sich die Produktionskosten beider Fahrzeuge auf ungefähr 10.300 US-Dollar. Toyota verkaufte den Corolla 200.000 mal zu je 11.000 US-Dollar während GM 80.000 Autos zu je 10.700 US-Dollar absetzte. Toyota erwirtschaftete 128 Millionen US-Dollar mehr als GM für dasselbe Fahrzeug, die Toyota-Autohäuser verdienten 107 Millionen US-Dollar mehr als GM-Händler.

(aus What's in a name", *The Economist*, 06. Jan. 1996, S. 65)

Folglich produziert die Reputation eines Unternehmens mittel- und langfristig also greifbare Größen wie eine bessere Preisgestaltung, Kostenreduzierung bei Kapital- und Arbeitsaufwand, Einschränkung des Unternehmenswertverlustes aufgrund von Krisensituationen oder effizientere Marketingentscheidungen. Die Unternehmensreputation entspricht den Wahrnehmungen, die von außen und innen entstehen. Um eine positive Reputation zu erhalten, müssen Entscheider in den Aufbau und Erhalt profunder Beziehungen mit ihren Anspruchsgruppen investieren. Das Management muss Evaluierungs- und Messinstrumente in die strategischen Prozesse integrieren, um stets über das Verhältnis zu den Stakeholdergruppen – Kunden, Investoren, Mitarbeiter und die Öffentlichkeit – informiert zu sein.

*Erhalt von Reputation erfordert Investitionen*

Reputation ist nicht einfach zu managen. Lee Iacocca, ehemaliger Vorstandsvorsitzender von Chrysler, hat dies schmerzlich erfahren müssen. Die Reputation des amerikanischen Automobil-Giganten war Anfang der 1990 verglichen mit der Konkurrenz chancenlos. Chrysler konnte potentielle Kunden nicht davon überzeugen ähnlich qualitativ hochwertige Automobile zu bauen wie die japanische Konkurrenz. Iacocca war sichtlich bemüht, diese Wahrnehmung zu ändern. In Werbesports, die in ganz Amerika liefen und öffentlichen Reden versuchte er der Öffentlichkeit zu verdeutlichen, dass keine signifikanten Unterschiede im Herstellungsprozess und hinsichtlich der Funktionalitäten herrscht. Subaru Autos wurden zum Beispiel sogar in der Produktionsstätte von Chrysler hergestellt. Der japanische Auto-Hersteller hat trotzdem Chrysler den Rang abgelaufen – er hat vom positiven Image profitiert, dass Verbraucher mit der japanischen Automobilindustrie assoziieren. Diese Barriere konnten auch die Händler kaum überwinden.

**Kernsatz**

- Die Reputation eines Unternehmens kann von unterschiedlichen Faktoren abgeleitet werden, nämlich:
  - der Fähigkeit, Impressionen zu managen
  - der Fähigkeit gewachsene Beziehungen zu den Anspruchsgruppen aufzubauen
  - der Fähigkeit mit Gerüchten umzugehen, die beispielsweise von den Medien gestreut werden

### 2.3.1
### Die Entstehung von Meinungsbildern

*Publilius Syrus*

*Verlieren kann die Ehre nur,*
*wer keine hat.*

Um Reputation managen zu können brauche ich Evaluierungsinstrumente. Ich muss aber auch im Grundsatz verstehen, wie Meinungsbilder entstehen und wie Stakeholder möglicherweise auf bestimmte Einflüsse und Gegebenheiten reagieren können. Erst wenn ich die Ursache kenne, kann ich die Wirkung durch den Einsatz zugeschnittener Stellschrauben zu einem für mich positiven Resultat verändern.

*Kommunikation hat einen wesentlichen Einfluss auf die Unternehmensreputation*

Marketing-, Werbe-, PR-, oder Marken-Experten können beim Aufbau und der Etablierung von Unternehmensimages behilflich sein. In der Tat vertrauen nach wie vor viele Organisationen auf die Disziplin Public Relations, um die Wahrnehmung von außen zu schärfen. In der heutigen Zeit sehen sich Unternehmen jedoch vermehrt mit Krisensituationen konfrontiert. Außerdem sollen nach Möglichkeit alle Investitionen in das Marketing-Mixes schon nach kurzer Zeit Ergebnisse liefern. Es muss ein klarer Return zu erkennen sein. Traditionelle Public Relations wird diesen Ansprüchen nicht ausreichend gerecht. Um Reputation aufzubauen und zu erhalten bedarf es einer starken und unterstützenden Infrastruktur, die effiziente Managementprozesse ermöglicht. PR liefert nur Teilaspekte des Gesamtbilds der Unternehmensreputation.

Das Management der Unternehmensreputation geht wesentlich weiter als die Analyse der Images. Vor allem die Kontrolle der Kundenbeziehungen gewinnt immer mehr an Relevanz. Die Aktionäre des Motorradherstellers Harley-Davidson zum Beispiel haben die

Möglichkeit der Harley Owners Group (HOG) beizutreten. Über 200.000 Mitglieder weltweit bezahlen ca. 35 Dollar Mitgliedsbeitrag im Jahr und erhalten dafür unterschiedliche Services: Versicherungsleistungen, Club-Magazine, diverse Veranstaltungseinladungen etc. Die HOG unterstützt die Loyalität der Kunden in die Produkte von Harley-Davidson, was eine direkte Auswirkung auf die Reputation des US-Motorradherstellers nach sich zieht. Ein treffendes Beispiel für eine pfiffige Marketing-Idee und ein effizientes Kundenmanagement.

Um Reputation langfristig aufzubauen, bedarf es jedoch einer weitgefächerten Ansprache unterschiedlicher Adressaten. Die Meinungsbilder der Kunden sind ohne Zweifel in diesem Zusammenhang nicht zu unterschätzen, ein Unternehmen muss sich jedoch auch mit den Wahrnehmungen der Mitarbeiter, der Öffentlichkeit und den Investoren auseinander setzen.

*Ansprache aller Stakeholder ist wichtig*

Herbert Baum, ehemaliger Präsident des weltbekannten Unternehmens Campbell Soup, dessen Corporate Identity nicht zuletzt der Künstler Andy Warhol weltweit bekannt gemacht hat, beschreibt einzelne Eckpunkte in der Entwicklung zur Reputation: „Wie entsteht ein Markenimage? Dafür sind viele Faktoren verantwortlich. Natürlich erst einmal, wie der Kunde ein Produkt wahrnimmt. Aber auch die Haltungen der Einzelhändler und Distributoren, die möglicherweise mehr von einem bestimmten Produkt einkaufen, weil es einen guten Ruf genießt. Dann gilt es natürlich die Images gegenüber den Aktionären, Investoren und Banken. Und ich würde sogar noch eine vierte Komponente hinzufügen: Die Meinungsbilder der Mitarbeiter und ihre Haltung gegenüber der Produktqualität des eigenen Unternehmens." *(Fombrun, S. 61)*

Es gibt spezielle Interessensgruppen, die im Kontext des Reputationsmanagements im Auge zu behalten sind. Regierungsbehörden, die für die Einhaltung regulatorischer Standards verantwortlich sind, sind hier ebenso zu nennen wie zum Beispiel Analysten, welche die finanzielle Performance von Unternehmen observieren, Einrichtungen, die soziale Leistungen bewerten oder Institutionen, welche die Produktqualität prüfen. Solche Einrichtungen haben Zugang zu detaillierten Daten und Analyse-Ergebnissen, die der breiten Öffentlichkeit in der Regel verschlossen bleiben. Deshalb sind ihre Meinungsbilder von einer entscheidenden Bedeutung – speziell für Interessensgruppen, die generell weniger über ein Unternehmen informiert sind. Bei genauer Betrachtung wird man

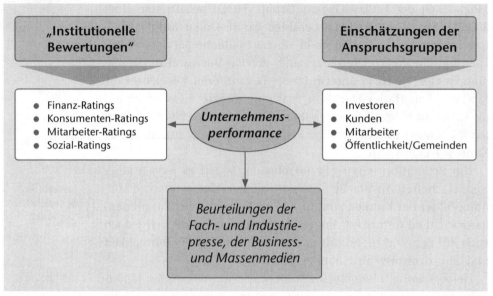

Abbildung 13:
Reputations-
treiber

feststellen, dass es in vielen Bereichen bereits Einrichtungen gibt, welche sich sowohl mit der Performance also auch mit der Reputation von Unternehmen beschäftigen. Sie untersuchen und prüfen die Unternehmen um sie dann in diversen Ranglisten einzuordnen. Agenturen, die sich auf derartige Markteinschätzungen spezialisiert haben, sind aufgrund ihrer Spezialisierung und Ausrichtung oft auf eine Anspruchsgruppe limitiert – eine integrierte Gesamtbetrachtung fehlt in vielen Fällen. Regierungsbehörden beschäftigen sich beispielsweise damit, wie Unternehmen mit Gesundheits- und Umweltstandards umgehen. Finanzanalysten wiederum beleuchten und bewerten die finanzielle Performance der Unternehmen. Organisationen wie Stiftung Warentest untersuchen und benoten Produkte aus der Verbrauchsgüterindustrie (siehe Abbildung 13).

Solche Ranglisten, die von diversen institutionellen Einrichtungen oder spezialisierten Dienstleistern erstellt werden, erzeugen einen gewissen Grad an Aufmerksamkeit bezüglich der Leistung eines Unternehmens, was sich konsequenterweise direkt auf die Images und dann die gesamte Reputation einer Organisation auswirkt.

## 2.3.2
### Die Rolle der Stakeholder

Die Stakeholder eines Unternehmens nehmen im Reputations-Kontext eine tragende Rolle ein. Die Gesamtheit der Stakeholder (siehe Abbildung 14) setzt sich aus den unterschiedlichen Interessensgruppen zusammen, die allesamt in einer bestimmten Beziehung zu einer Organisation stehen.

◆ **Anspruchsgruppen lassen sich in drei Segmente aufteilen:**   **Kernsatz**

- *interne* Stakeholder – z. B.: Mitarbeiter, Teilhaber
- *marktliche* Stakeholder – z. B.: Partner, Lieferanten, Medien
- *soziopolitische* Stakeholder – z. B.: Institutionen, Analysten

Die Stakeholder bilden sich aufgrund diverser Assoziationen, Eindrücke oder Überzeugungen gewisse Meinungen über ein Unternehmen. Es entstehen Bilder in ihren Köpfen. Die Bezugsebenen und die Anspruchsgruppen dieser Meinungsbilder variieren in Abhängigkeit des jeweiligen situativen, zeitlichen oder assoziativen Umfeld.

Ähnlich wie Rezeptoren docken sich die Stakeholder am Unternehmen an und saugen Eindrücke, Gefühle, Signale und andere Informationen auf. Auf diese Art und Weise entstehen Images in Bezug auf Unternehmen. Die einzelnen Wahrnehmungen der diversen Anspruchsgruppen kumulieren sich dann zu einem Ge-

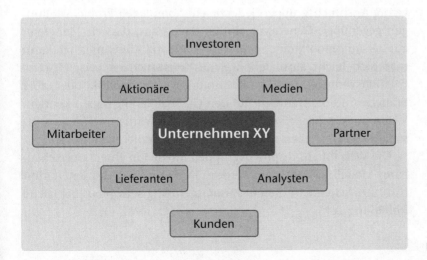

Abbildung 14:
**Stakeholder-Beziehungsnetz**

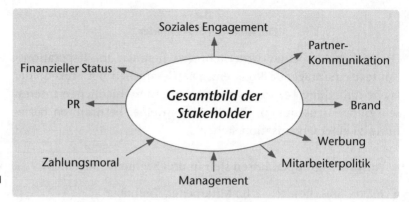

Abbildung 15:
**Einflussfaktoren auf das Gesamtbild der Stakeholder**

samtbild, der Reputation eines Unternehmens (siehe Abbildung 15). In der folgenden Abbildung sehen wir beispielhaft diverse Faktoren, die einen mittelbaren- beziehungsweise unmittelbaren Einfluss auf das Gesamtbild der Stakeholder haben.

Die Anzahl der Stakeholder eines Unternehmens kann mitunter sehr variieren. Ein Unternehmen wie zum Beispiel ebay verfügt weltweit über Millionen von Kunden, die das virtuelle Auktionshaus nutzen. Es gibt sogar schon eigene Geschäftszweige, welche ebay als Plattform für ihre eigene Geschäftsidee nutzen. Ebenso gibt es auch Unternehmen mit einem überschaubaren Stakeholderkreis. Vor allem Unternehmen im Business-to-Business-Bereich verfügen meistens über einen festen Kundenstamm. Auf den ersten Blick scheint das Management der weichen Größen in einer solchen Konstellation wesentlich einfacher. Oft stehen Firmen mit einem wenig Anspruchsgruppen jedoch sehr komplexen Problemstellungen gegenüber. Gehen wir einmal davon aus, dass ein Zulieferer aus der Automobilbranche nur eine Handvoll Abnehmer hat, kann man sich leicht ausmalen, welche Konsequenzen beispielsweise Qualitätsverluste, eine kontraproduktive Preispolitik oder aber brancheninterne Gerüchte auf den Geschäftserfolg haben können. Wenn nur ein oder zwei Kunden wegfallen würden, wäre das wirtschaftliche Überleben des Unternehmen komplett gefährdet.

*Stakeholder sind mitunter komplex verzweigt*

Die Vielzahl an Anspruchsgruppen müssen in einem überschaubares Modell kategorisiert werden. Der Vorschlag des Reputation Institutes scheint in diesem Zusammenhang sehr plausibel (siehe Abbildung 16).

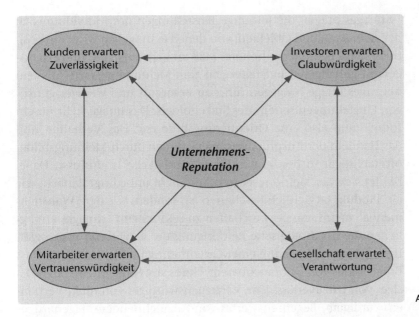

Abbildung 16:
**Erwartungen der Anspruchsgruppen**

Fombrun definiert die Gesamtheit der unterschiedlichen Stakeholder in vier zentralen Bezugsgruppen:

- Kunden
- Investoren
- Mitarbeiter
- Gesellschaft/Öffentlichkeit

Jede dieser Bezugsgruppen hegt wiederum spezifische Erwartungen an ein Unternehmen:

Ein Unternehmen verfügt über eine gute Reputation gegenüber seinen Anspruchsgruppen, wenn es den spezifischen Forderungen in einem hohen Maße gerecht werden kann. Die Führungsebene von Organisationen sollte also darauf achten, dass die Erwartungen der vier zentralen Stakeholder-Gruppen erfüllt werden. Wenn dies gelingt, verfügt ein Unternehmen schlussendlich über den vielbeschworenen „guten Ruf", der sich dann in den verschiedenen Attributen wie gesteigerter Umsatz, gefestigte Kundenbeziehungen oder Neugewinnung von Investoren wiederspiegeln wird.

*Entscheider müssen Reputation treiben*

Im nächsten Kapitel wird noch näher darauf eingegangen, in welcher Wechselwirkung diese vier zentralen Images mit den Einflussfaktoren der Stakeholder stehen.

*Images können Orientierungshilfen sein*

Images prägen die jeweilige Einstellungen des Individuums zu den Subjekten und Objekten, von denen es umgeben wird. Ein positives Image bedingt ein höheres Maß an Vertrauen und führt zu insgesamt günstigeren Einstellungen zum Meinungsgegenstand – ein negatives Image hingegen führt zu Besorgnis und weniger günstigen Einstellungen seitens des Stakeholders. Das Image stellt für ein Individuum also eine Orientierungshilfe dar. Das Verhalten und das Handeln der Anspruchsgruppen werden durch Meinungsbilder oftmals sogar in bestimmender Art und Weise beeinflusst. Dabei richtet sich der Meinungsgegenstand nicht unbedingt danach, wie ein Produkt tatsächlich beschaffen ist, sondern wie der „Wahrnehmende" meint, dass es beschaffen zu sein scheint. „Images ermöglichen die psychologische Bewältigung der verwirrend mannigfaltigen Dingwelt im Sinne einer Orientierung und Selektion, so dass Brauchbares von Unbrauchbarem, Gutes von Schlechtem, Zuverlässiges von Unzuverlässigem, Vertrauenswürdiges von nicht Vertrauenswürdigem, Begehrenswertes von Anzulehnendem, Eigenartiges von Gleichartigem unterschieden werden kann. Ein Meinungsgegenstand kann, nach objektiven Maßstäben bewertet, noch so gut sein: Hat er ein schlechtes Image, so bleibt ihm die gebührende Geltung versagt. Vorstellungsbilder sind Leitbilder." *(Mülle, in Pflaum und Pieper, S. 252)*

Wird laut Günther Haedrich das Unternehmensimage aus einer internen, marktlichen und soziopolitischen Perspektive heraus betrachtet, ergeben sich daraus Sub-Images mit unterschiedlichen Bezügen.

Abbildung 17:
**Sub-Images**

| *Perspektive:* | intern | marktlich | soziopolitisch |
|---|---|---|---|
| *Sub-Images:* | **Arbeitgeber-Image** | **Markt-Image** | **Gesellschafts-Image** |
| *Einstellungsdimensionen:* | • Entlohnung | • Marktstellung | • Ökologieorientierung |
| | • Sozialleistungen | • Markenpolitik | • Sozialengagement |
| | • Personalführung | • Management | • Investitionspolitik |
| | • Arbeitsplatzsicherheit | • Innovationsvermögen | • Kommunikation |
| | • Kommunikation | • Kommunikation | |

Die Einstellungsdimensionen sind in ihrer Wertigkeit entsprechend anspruchsgruppen-spezifisch zu gewichten (siehe Abbildung 17).

Es gilt also bei der Ermittlung eines Gesamtbildes, die Dimensionen und Einstellungsmuster der einzelnen Stakeholdergruppen Rechnung zu tragen. Aus der internen Perspektive ergibt sich das Arbeitgeber-Sub-Image und bezieht sich auf das Innenverhältnis eines Unternehmens zu seinen Mitarbeitern. Das Markt-Image fußt auf den Austauschprozessen auf der Absatz- und auf der Beschaffungs- und Absatzebene. Soziale oder politische Themen gelten für die Einstellungsdimensionen des Gesellschafts-Images.

Haedrich meint weiter: „Der Deckungsgrad von erwartetem und subjektiv wahrgenommenen Unternehmensverhalten bestimmt, ob die betreffende Anspruchsgruppe die Unternehmenspolitik unterstützt oder sanktioniert. In diesem Sinne muss es das Bestreben des Unternehmens sein, ein Fremdbild zu vermitteln, welches geeignet ist, einen möglichst umfassenden Konsens hervorzubringen und mithin unternehmerische Spielräume zu festigen." *(Haedrich in Barbara Baerns, S.199)*

Die Eindrücke und unterschiedlichen Bilder, die sich bei den Anspruchsgruppen bilden, stehen in einem kausalen Zusammenhang zu den Botschaften und Verhaltensmustern, die vom Unternehmen nach innen und außen gesendet werden. In der Regel beginnt die Aussendung von Signalen bereits beim Firmennamen. Eine entsprechende Corporate Identity, die Definition der Firmenphilosophie und der Credos bis hin zur Festlegung der Kernbotschaften für die zielgruppen-relevanten Absatzmärkte – in dem Moment, wo Unternehmen diese Vorgaben bestimmen und im Innen- und Außenverhältnis kommunizieren, nehmen die Anspruchsgruppen diese Informationen auf, verwerten sie auf rationale oder emotionale Weise, ordnen die Informationen und halten sie als Impressionen fest. So entsteht der sogenannte „erste Eindruck" und glauben wir einem Sprichwort, dann gilt: „You never get a second chance, to make your first impression!".

*Wechselwirkung einzelner Größen*

Image ist ein Konglomerat aus der Selbsteinschätzung, Selbstdarstellung und Fremdzuweisung. Imagebildung ist in der Folge die Anpassung einer Organisation an die umgebende soziale Struktur mit dem Ziel einen emotionalen Konsens zu erreichen. Diese emotionale Bindung ermöglicht es, Unternehmen in der Gesellschaft zu integrieren und als einen Teil unserer Kultur zu betrachten. *(Landsch, S. 232)*

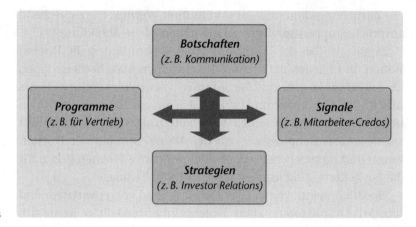

Abbildung 18:
Unternehmen erzeugen Images

Deshalb muss jedes Unternehmen einen gewissen Wert auf die Eindrücke legen, die es in der gesamten Öffentlichkeit, in relevanten Teilöffentlichkeiten sowie unternehmensintern erzeugt. Diese Prozesse zu kontrollieren muss also Teil der strategischen Zielsetzung sein. Imagebildung erfolgt aus übergeordneten Leitmotiven (siehe Abbildung 18).

**Kernsatz**

◆ **Ein Unternehmensimage soll:**

- Orientierungs- und Entscheidungshilfe für alle Mitarbeiter sein
- Identifikation verstärken
- Orientierung für die Abnehmer erleichtern
- Integration in die Gesellschaft ermöglichen

*(Landsch, S. 232)*

Beim Aufbau eines gefestigten Images bei den Stakeholdern sollte es vordergründig sein, einem Meinungsgegenstand eine gewisse Persönlichkeit zu verleihen – ihn sozusagen in den Vorstellungen der Anspruchsgruppen bedarfsgerecht zu profilieren. Das kann durch unterschiedliche Instrumente jeweils punktuell, also in Bezug auf einen bestimmten Meinungsgegenstand, oder aber auch als ein integrierter Prozess vollzogen werden. Handelt es sich bei den Meinungsgegenständen zum Beispiel um Produkte oder Dienstleistungen, so gewinnen die Distributionspolitik und die Preispolitik an Relevanz. Bei den Meinungsgegenständen Mitarbeiter oder Gesellschaft, ist die Kommunikationspolitik von entscheidender Bedeutung, während bei der Image-Bildung in Bezug auf die Shareholder die Disziplin Investor Relations eine gewichtige Rolle spielt.

▶ **Welche Forderungen gelten für einen wirkungsvollen Einsatz der Intrumente?** `Leadership-Frage`

- Das angestrebte Meinungsbild bei den Stakeholdern sollte sich von vergleichbaren Produkten, Marken, Firmen oder Persönlichkeiten unterscheiden
- Strategien für den erfolgreichen Imageaufbau sollten auf konkreten Bedürfnissen fußen, die nicht durch konkurrierende Meinungsgegenstände besetzt sind.
- Das erstrebte Image sollte klar und eindeutig sein. Je verschwommener das Vorstellungsbild, desto geringer der Einfluss auf das Verhalten der Anspruchsgruppe.
- Der Aufbau der Meinungsbilder sollte einem konzeptionellen Ansatz folgen, in sich widerspruchsfrei aufgebaut sein und im Zeitablauf kontinuierlich durchgeführt werden, damit die abgegebenen Impulse kumulativ aufgenommen und verarbeitet werden können.

Die Abbildung 19 soll verdeutlichen, dass es innerhalb des Meinungsbildungsprozesses sowohl positive als auch skeptische, negative oder indifferente Gruppen gibt.

Abbildung 19:
**Einflussgruppen sind indifferent**

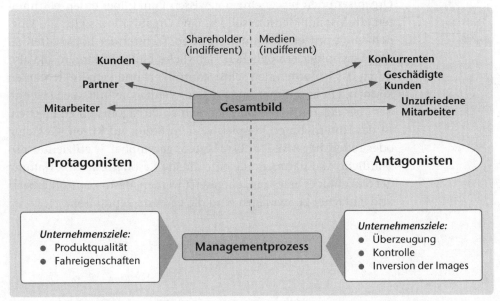

Die unterschiedlichen Eindrücke und Assoziationen, die bei den Stakeholdern auf rationaler oder emotionaler Ebene entstehen fließen in einem Gesamtbild zusammen. Die Beziehungen mit den Gruppen, die einem Unternehmen positiv gegenüberstehen, gilt es zu festigen, zu intensivieren oder auszubauen. Schwieriger gestaltet sich dieses Unterfangen in Bezug auf die indifferenten, respektive antagonistischen Anspruchsgruppen. Wenn die Haltung dieser Stakeholder mittel- und langfristig geändert werden soll, muss zunächst eine Analyse des Status quo erfolgen. Die Anspruchsgruppen sollten über einen gewissen Zeitraum kontrolliert werden. Sobald eine entsprechende Kenntnis über das Verhalten, die Gewohnheiten oder die Assoziationen der Antagonisten bekannt ist, können Gegenmaßnahmen eingeläutet werden. In einem Management-Prozess könnten spezifische und bedarfsgerechte Kommunikations-, Marketing- oder andere Überzeugungskampagnen mitunter bereits für eine kurzfristige Veränderung sorgen. Ein Unternehmen sollte versuchen, seine Stakeholder quasi immun gegenüber negativer Einflüsse machen. Da dies meistens nicht allumfassend umsetzbar ist, sollten wenigstens Kontrollmechanismen implementiert werden, die imstande sind, die Antagonisten zu überwachen.

*Informationen über die Wahrnehmung der Stakeholder stellen die Voraussetzung für ein effizientes Management dar*

Schlussendlich sollen die Meinungsbilder vom Unternehmen so beeinflusst werden, dass sie sich von der Konkurrenz abheben. Wie ich bereits an anderen Stellen öfters erwähnt habe, verfügen Organisationen bis zu einem gewissen Punkt über einen bestimmten Einfluss auf Meinungsbilder. Eine Organisation sollte alle Möglichkeiten nutzen, die einen direkten Transfer der Botschaften an die Stakeholder ermöglichen. Sämtliche Einflussfaktoren, die also durch das Unternehmen selbst kontrolliert und kanalisiert werden können, gilt es optimal einzusetzen. Wenn es gelingt, die Stakeholder über eigeninitiierte Maßnahmen zu Protagonisten zu machen, ist das Unternehmen beispielsweise in Bezug auf Krisen, Gerüchte oder andere negative Einflüsse bestens gewappnet. Je effizienter also sämtliche Maßnahmen, die eine direkte Resonanz auf die Haltung der Stakeholder erzeugen, eingesetzt werden, desto kontrollierbarer und einfacher zu managen wird die gesamte Reputation.

### 2.3.3
### Einflussgrößen

*Den Mensch macht sein*     Schiller
*Wille groß und klein.*

Die Kontrolle und Verwaltung der unterschiedlichen Einflussgrößen stellen sozusagen die „Kür" des Reputationsmanagements dar. Den meisten Unternehmen ist es auch heute noch nicht möglich, in einem integrierten Lösungsprozess, sämtliche Bezugsgruppen gleichermaßen effizient zu managen. Ein Unternehmen, das versteht, seine Mitarbeiter optimal zu motivieren und aufgrund diverser Föderinitiativen von den Arbeitnehmern positiv wahrgenommen wird, hat noch keine Garantie dafür, das dieses Bild auch in der Öffentlichkeit vorherrscht. Was soll man von einem Unternehmen halten, das auf der einen Seite soziale Mitarbeiterprogramme entwickelt hat oder sich sogar für Minderheiten einsetzt, und auf der anderen Seite die Umwelt mit Schadstoffen belastet?

*Alle Stakeholdergruppen haben einen Einfluss auf die Reputation*

Freilich ist ein innerbetriebliches Engagement positiv zu werten. Aber da die Öffentlichkeit in Umweltfragen erfahrungsgemäß äußerst sensibel reagiert, ist davon auszugehen, dass sich sowohl die Presse als auch Investoren über einen solchen Vorfall massiv echauffieren. Auch die Mitarbeiter bekommen die negative Berichterstattung zwangsläufig mit und unter Umständen schlägt nun die zunächst sehr positive Haltung in eine negative Richtung um. Womöglich hat der Vorstand dieses Unternehmens über Jahre hinweg keine Kosten und Mühen gescheut, ein entsprechendes Vertrauensverhältnis zu den Arbeitnehmern aufzubauen. Und jetzt müssen die Entscheider schmerzlich erfahren, wie viel es wirklich wert ist. Dieses fiktive Beispiel verdeutlicht, dass es vermessen wäre, zu glauben, dass punktuelle Maßnahmen zum Erfolg führen. Das Managements einer Unternehmens-Reputation ist sehr komplex – es gilt unterschiedlichste Kriterien zu berücksichtigen und in einen Lösungsansatz mit einzubeziehen.

An dieser Stelle sollten wir uns also zunächst einmal damit beschäftigen, wie die Einflussfaktoren in Bezug auf die jeweilige Stakeholdergruppe eigentlich zu definieren sind. Erst wenn wir wissen, welche unterschiedlichen Größen entsprechende Haltungen, Emotionen, Eindrücke oder Assoziationen bei den jeweiligen Adressaten bedingen, können wir uns mit Mechanismen und Instrumenten be-

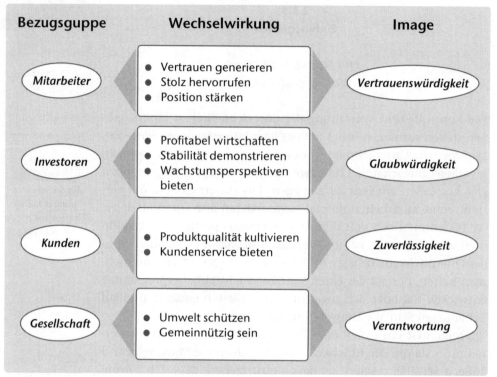

Abbildung 20: Wechselwirkungen zwischen Images und Bezugsgruppen

schäftigen, die uns über derartige Wechselwirkungen gewünschte Daten und Informationen liefern. Sobald diese Daten erhoben sind und in einen kausalen Zusammenhang gebracht werden können, ist auch eine Einbettung in einen Management-Prozess möglich. Wenn diese einzelnen Schritte vollzogen wurden, wird schlussendlich auch eine Kontrolle, eine mögliche Verbesserung und eine effiziente Verwaltung der Unternehmens-Reputation möglich.

Die nachfolgende Abbildung beschreibt die bereits erwähnten Wechselwirkungen zwischen den zentralen Stakeholdergruppen und den erzeugten Images (siehe Abbildung 20).

Aus der Abbildung wird deutlich, dass Wechselwirkungen existent sind. Die Investoren beispielsweise erwarten, dass das Unternehmen, in das sie investieren auch eine entsprechende Profitabilität generiert. Es soll finanziell gesund sein, einen gewissen Grad an Wachstum zeigen und eine kontinuierlich positive Entwicklung nachweisen. Wenn dies gelingt, gewinnt ein Unternehmen bei seinen Aktionären oder Teilhabern nicht nur an Ansehen sondern generiert darüber hinaus auch eine hohes Maß an Glaubwürdigkeit.

Speziell bei Investoren ist dies der zentrale Schlüssel zum Erfolg, denn wer sein Geld in ein Unternehmen investiert möchte auch einen gewissen Return sehen. Geld und Investitionen sind bekanntermaßen *per se* sehr sensible Themen. Im Umkehrschluss hat es ein Unternehmen, das über eine hohe Glaubwürdigkeit am Markt verfügt, jedoch auch leichter weitere Investoren zu akquirieren und somit den Wert des Unternehmens insgesamt zu steigern.

*Gefestigte Reputation bedeutet leichtere Kapitalbeschaffung*

Eine Organisation, die viel in den Umweltschutz investiert oder Kommunen sozial unterstützt kann ein sehr positives öffentliches Image aufbauen. Ein solches Unternehmen gilt als vertrauensvoll und wird von der Gesellschaft für einen vorbildlichen Umgang mit sozialen und umweltspezifischen Themen honoriert. Möglicherweise eröffnet dieses formidable Image bei Grundstücksverhandlungen mit Kommunen Tür und Tor und die Entscheider sparen sich viel Geld bei künftigen Investitionen. Solche Beispiele sind speziell im regionalen Umfeld äußerst signifikant. Sponsoring oder soziales Engagement auf regionaler Ebene wird von den Kommunen und deren Gemeinderäte stets sehr positiv wahrgenommen. Denn diese Instanzen profitieren direkt proportional von derartigen Initiativen. Auf überregionaler Ebene gilt diese Gemeinde dann als besonders „clean", sozial engagiert und sehr umweltbewusst. Der Grad an Reputation eröffnet den Politikern möglicherweise ungeahnte Möglichkeiten in Bezug auf zu billigende öffentliche Fördermittel, Zuschüsse oder Kreditverhandlungen. Auch auf diesen Ebenen sind also viele Wechselwirkungen zu beobachten.

▶ **Welche Größen beeinflussen die Meinungsbilder meiner Mitarbeiter?**

`Leadership-Frage`

Als Mitarbeiter erwarten wir, dass unser Arbeitgeber in erster Linie vertrauenswürdig, also integer ist. Arbeitnehmer erwarten sowohl faire als auch respektierende Umgangsformen. Die fundamentalen Rechte als Individuum müssen gewahrt werden. Unternehmen befinden sich mehr denn je unter Druck, den Erwartungen ihrer Mitarbeiter gerecht zu werden. Es müssen Methoden und Programme entwickelt werden, die den Angestellten ein hohes Maß garantieren und gleichsam motivierend wirken – schließlich gilt es die Pro-Kopf-Umsatzprognosen zu erreichen. In diesem Zusammenhang reicht es schon lange nicht mehr, auf die Gesundheit und Sicherheit der Mitarbeiter zu achten – heutzutage müssen sie mit Beteiligungsoptionen und Aktienpaketen geködert und ans Unternehmen gebunden werden.

Für das Verhältnis zu den Mitarbeitern gilt generell:

> **Das Vertrauensprinzip:** Je vertrauensvoller ein Unternehmen auf seine Angestellten wirkt, desto angesehener ist dieses Unternehmen.
> (Fombrum, S.68)

Seit Jahren bündeln Mitarbeiter ihre Kräfte, um ihren Rechte gegenüber den Arbeitgebern entsprechenden Nachdruck zu verleihen. Betriebsräte gehören bereits in kleinen und mittelständischen Unternehmen zum festen Bestandteil der Firmenstruktur. Und seit den Arbeiterbewegungen und der sozialen Revolution sind auch die Gewerkschaften aus dem Alltag nicht mehr wegzudenken. Sie setzen sich für die Interessen der Arbeitnehmer ein und erreichen bei tariflichen Auseinandersetzungen vor allem hinsichtlich des finanziellen Ausgleichs meistens einen positiven Konsens im Sinne ihrer Mitglieder. Die Vergütung ist sicherlich das effizientestes Mittel, Zufriedenheit bei den Mitarbeitern zu generieren – und gleichzeitig das wohl diffizilste. Vor allem in der dynamischen Wachstumsphase des IT-Markts, wo geeignete Mitarbeiter oftmals rar gesät waren, wurden die innovative Gehaltsmodelle entwickelt. Nach dem zwischenzeitlichen Absturz der Informations-Technologie mussten viele Angestellten schmerzlich erfahren, wie viel ihre Aktienpakete oder Beteiligungen schlussendlich wert waren.

*Innovative und flexible Gehaltsmodelle als Anreiz für Mitarbeitende*

Als die Budgets jedoch noch fett waren, die Auftragsbücher voll und ein hoher Bedarf an qualifizierten Mitarbeitern herrschte, lockte die Branche nicht nur mit überzogenen Gehältern, sondern auch mit Aktienpaketen, Extragratifikationen und direkten Gewinnbeteiligungen. Mittlerweile unterliegen die Extras mehr denn je der Leistungsorientierung – der messbare Arbeitserfolg des Mitarbeiters steht im Mittelpunkt der Bewertung. Die Analysten von Kienbaum veranschlagen beispielsweise für einen Systemprogrammierer heute zwischen 46.000 und 65.000 Euro – vor kurzem wurde für diese Position noch fast das Doppelte vergütet.

Unternehmerisches Denken ist bei sinkenden Gewinnmargen und knapper Auftragslage mehr denn je von den Mitarbeitern gefragt. Belohnt werden beispielsweise neben der Erfüllung der hohen Erwartungen an die Arbeit auch das Engagement der Consultants über die Abwicklung der Projektaufgaben hinaus: variable Entlohnungsmodelle bilden das hierfür das Fundament. Das Erreichen eines bestimmten Zeit- oder Qualitätsvorteils, der mit einer Prämie belohnt wird, stellt eine derartige erfolgsbezogene Komponente dar. Weitere Möglichkeiten sind Bonusmodelle, die Berater beispielsweise für Aktivitäten bei der Akquise eines neuen Kunden oder bei der internen Weiterbildung der Mitarbeiter belohnen. Die Förderung des unternehmerischen Engagements der Mitarbeiter und die Beteiligung am Unternehmenserfolg dürfen jedoch nicht das persönliches Bedürfnis nach Sicherheit und einem geregelten Einkommen vernachlässigen.

Das Beratungshaus Avinci AG trägt dieser Problematik bereits seit seiner Gründung im Januar 2002 in seinem Gehaltsmodell Rechnung: Das Modell berücksichtigt ein „Garantiegehalt", ein „Zielgehalt" sowie das „Maximalgehalt". Dabei stellt das Garantiegehalt in jeder Gehaltsstufe eins Fixsumme dar. Dieser Teil der Vergütung wird also unabhängig vom Unternehmenserfolg in jedem Fall ausgezahlt. Das Zielgehalt entspricht dem jeweiligen Marktwert des Mitarbeiters, also dem Gehalt, das er bei einem anderen Unternehmen der Branche als Festgeld ohne Prämien verdienen würde. Die Differenz zwischen dem Garantiegehalt und dem Zielgehalt ist ein variabler Anteil. Der Mitarbeiter kann die Höhe dieses Anteils innerhalb definierter Grenzen selbst bestimmen – das macht Sinn, denn er kann sich am besten einschätzen: Wählt er einen niedrigeren variablen Anteil, setzt er stärker auf die Sicherheit eines bestimmten monatlichen Gehalts und ist unabhängig vom unternehmerischen Erfolg. Entscheidet er sich dagegen für einen höheren variablen Anteil, kann er sein Gehalt aus einem sogenannten Erfolgsbeteiligungstopf, der jeweils am Ende eines Geschäftsjahres an alle Mitarbeiter ausgeschüttet wird, signifikant maximieren. Hierbei kommt das dritte Vergütungselement dieses Entlohnungsmodells ins Spiel, das Maximalgehalt als maximal erreichbares Einkommen. Es errechnet sich wie folgt: Zielgehalt + variabler Anteil mal 2 + 5.000 Euro. Ein hoher variabler Anteil hebt folglich das Maximalgehalt überproportional an.

*Der Mitarbeiter bewertet seine eigene Leistung*

Ein Beispiel:

|  | Member 1 (5% variabel) | Member 2 (10% variabel) | Member 3 (20% variabel) |
|---|---|---|---|
| Garantiegehalt | 47.500 Euro | 45.000 Euro | 40.000 Euro |
| Zielgehalt | 50.000 Euro | 50.000 Euro | 50.000 Euro |
| Maximalgehalt (2 x var. + 5.000 Euro) | 57.250 Euro | 65.000 Euro | 75.000 Euro |

*Abbildung 21: Gehaltsmodell der Avinci AG*

*Direkte Erfolge werden belohnt*

Um das Maximalgehalt zu verdienen, müssen während eines gesamten Jahres Erfolgspunkte von den Beratern gesammelt werden. „Success Points" gibt es zum Beispiel für das Anwerben eines neuen Mitarbeiters oder für eine durchgeführte interne Schulung der Kollegen. Ferner werden Akquise-Erfolge mit Boni belohnt. Wie viele Punkte es für welches Engagement gibt, wird am Anfang eines Geschäftsjahres vom Management aufs Neue festgelegt. Damit hat die Unternehmensleitung ein Instrument zur Hand, das die Motivation der Mitarbeiter nicht nur erhöhen, sondern auch steuern kann: Mit einem Punktesystem, das stärker auf interne Transfer-Leistungen setzt, werden die Berater zum Beispiel kaum dazu animiert, den Klienten Tag und Nacht ihre Stundensätze in Rechnung zu stellen, während Aufgaben, die für das Unternehmenswachstum wichtig sind, vernachlässigt werden würden. „Dies führt dazu, dass die inzwischen fast 400 Mitarbeiter einen unternehmerischen Standpunkt einnehmen. Bei Neuanschaffungen wird dann schon einmal die Frage nach der Notwendigkeit gestellt", so Rudolf Kuhn, Vorstandsmitglied bei Avinci AG.

Am Ende des Jahres wird alles, was 10 Prozent Rendite übersteigt, zu 75 Prozent für die Ausschüttung an die Mitarbeiter zur Verfügung gestellt. Dem „Ausschüttungstopf" wird der „Punktetopf" gegenübergestellt, wodurch der Wert eines Punktes ermittelt wird. Die Anzahl der Punkte, die ein Mitarbeiter gesammelt hat, wird mit dem Wert des Punktes multipliziert und legt damit den individuellen Anteil am Unternehmensgewinn fest.

Nebenleistungen wie Firmenwagen und Altersvorsorge stehen in der Dienstleistungsszene nach wie vor hoch im Kurs. Sie stellen jedoch genauso wenig wie komplexe, schwer nachvollziehbare Gewinnbeteiligungsmodelle ein geeignetes Mittel dar, einen Mitarbeiter dauerhaft zu motivieren und seine volle Arbeitsleistung abzurufen. Sowohl für den Arbeitnehmer als auch für den Angestellten macht eine Mischung aus einem gesicherten Basisgehalt auf der einen und einer erfolgsbezogenen Komponente auf der anderen Seite sehr viel Sinn. Der variable Anteil motiviert den Mitarbeiter, seinen Teil zum Gesamterfolg eines Unternehmens beizutragen und maximale Leistung, die auch entsprechend honoriert wird, abzurufen. Das monatliche Fixgehalt schafft eine notwendige Sicherheit bei der Lebensplanung und ermöglicht eine profunde Kalkulationsbasis.

Bei Arbeitgeber-/Arbeitnehmer-Verhältnissen haben wir es mit Individuen zu tun, die in ihrem Wesen und Charakter verschieden sind. Für die eine Partei stehen wirtschaftlicher Erfolg und der Erhalt der Arbeitsplätze im Vordergrund, während die andere Seite persönliche Interessen verfolgt. Neben Gehalt- und Bonusprogrammen spielen aber auch die Arbeitsatmosphäre, Aufstiegsmöglichkeiten oder Weiterbildungsmaßnahmen eine wichtige Rolle, das Verhältnis zu stärken und Vertrauen zu schaffen. Jeder Arbeitnehmer empfindet subjektiv. Die „weichen Größen" sind jedoch auch in diesem Kontext nicht zu unterschätzen und für das Management eines Unternehmen auch wesentlich schwerer zu entwickeln und zu erhalten. Freilich sind auch Bonusprogramme in sich komplex – um jedoch eine angenehme Arbeitsatmosphäre zu schaffen bedarf es weit mehr als pragmatischer Parameter. Hier gilt es bei der Flut an subjektiven Wahrnehmungen den besten Konsens zu schaffen. Ein faires Unternehmen sollte zum Beispiel allen Mitarbeitern – abhängig von ihrer Qualifikation, ihrem Fleiß und ihrer Leistung – grundsätzlich die gleichen Aufstiegschancen bieten. Profilneurosen, Eifersüchteleien oder persönliche Aversion sind deplatziert, wenn es um den Aufbau von Vertrauen geht. Wenn es aber gelingt, bei den Mitarbeitern eine Reputation aufzubauen, die auf Vertrauenswürdigkeit fußt, sind strategische Ziele leichter zu erreichen. Bei vielen Mitarbeitern ist dann sogar ein gewisser Stolz festzustellen, für eine bestimmte Firma arbeiten zu dürfen. Dieses Image transportiert der Arbeitnehmer in der Regel auch nach außen.

*Arbeitsverhältnisse sind von unterschiedlichen Interessen geprägt*

Die Folge:

Ein Unternehmen generiert unter Umständen mehr Umsatz, weil die Produktion von Gütern sowohl in der Quantität als auch in der Qualität ansteigt. Somit kann sich eine Organisation besser am Markt positionieren, wird wettbewerbsfähiger und generiert ex aequo auch bessere Images bei anderen Stakeholder-Gruppen. Investoren honorieren die Eintracht und Kunden sind von den Produkten oder Dienstleistungen begeistert.

Wie können Unternehmen die Reputation bei den Mitarbeitern positiv beeinflussen?

- Vertrauen schaffen
- Position stärken
- Stolz hervorrufen

**Leadership-Fragen** ▶ **Welche Kriterien spielen bei den Investoren eine Rolle?**

Investoren erwarten von Unternehmen in erster Linie Glaubwürdigkeit. Die Kommunikation nach außen muss nachweislich glaubhaft sein – Geschäftsberichte, Jahresabschlüsse oder Pressemitteilungen, die von einem Unternehmen in die Öffentlichkeit gestreut werden, müssen der Wahrheit entsprechen. Aktionäre oder Teilhaber einer Organisation erwarten ein hohes Maß an Integrität, denn sie investieren ihre eigenen Mittel und beim Geld hört der Spaß ja bekanntermaßen auf. Die Stakeholder entgegnen einer offenen Kommunikation und einem vertrauensvollen Handeln einer Organisation mit einer entsprechenden Glaubwürdigkeit. Diese Größe zu managen ist jedoch für Unternehmen kein leichtes Unterfangen. Beim Transport der Kernbotschaften und der Positionierung im Wettbewerbsumfeld bedienen sich Unternehmen diverser Kanäle. Analysten sind im Zusammenhang der Investor Relations eine extrem wichtige Zielgruppens. Sie entscheiden über künftige Trends, kommentieren Marktentwicklungen oder stufen Unternehmen in Rankings ein. Ein wesentlicher Bestandteil der Disziplin Investor Relations sind die klassischen Kommunikationsinstrumente, derer sich auch die PR bedient. Dabei geht es im wesentlichen um den zielgruppengerechten Transfer von Informationen sowie die Etablierung und Aufrechterhaltung profunder Beziehungen zu den Investoren eines Unternehmens.

*Offene Kommunikation zieht Ehrlichkeit und Glaubwürdigkeit nach sich*

**Das Glaubwürdigkeitsprinzip:** Je glaubwürdiger eine Organisation auf seine Investoren wirkt, desto angesehener ist sie. *(Fombrun, S. 68)*

Für Mitarbeiter sind Vertrauen, ein gewisser Stolz für ein Unternehmen zu arbeiten oder Aufstiegschancen wichtig. Investoren hingegen präferieren ganz andere Größen. Die Kriterien sind ganz stark auf die Performance und den finanziellen Status Quo eines Unternehmens ausgelegt. Attribute wie Verschuldung, Profitabilität oder monetäre Schwankungen rücken bei der Betrachtungsweise in den Vordergrund. Speziell wenn es um die Investoren geht, liegt ein gewisser Fokus auf klassischen betriebswirtschaftlichen und vor allem eindeutig skalierbaren Kennzahlen. Ein Investor verhält sich nämlich in der Regel relativ pragmatisch.

*Fokus auf betriebswirtschaftliche Kennzahlen*

Die Umsatzrendite eines Unternehmens stellt das wichtigste Parameter in der Betrachtung dar. In der Regel priorisieren Aktionäre Unternehmen, die über einen gewissen Zeitraum eine entsprechende Profitabilität vorweisen können. Bei sinkenden Profiten läuten bei Investoren die Alarmglocken, der Marktwert eines Unternehmens sinkt sofort und die Reputation wird direkt proportional in Mitleidenschaft gezogen.

Wenn Investoren in Bezug auf die Stabilität eines Unternehmens relativ unsicher sind, erwarten sie zumindest eine außergewöhnliche Rendite. Um die finanzielle Stabilität eines Unternehmens zu ermitteln, sollten die Bilanzen aus den letzten Jahren in Betracht gezogen werden. Je unstabiler die Ergebnisse waren, desto höher gestaltet sich auch das Investitionsrisiko. Sollte ein Unternehmen über einen gewissen Zeitraum die Erwartungen seiner Investoren nicht erfüllen können, wird es marktlich abgewertet und ebenso sinkt auch die Reputation dieses Unternehmens. Eine entsprechend Verschuldung reduziert den Restwert eines Unternehmens und ist meistens das erste Signal für eine drohende Insolvenz. Wer will schon in eine Organisation investieren, die keinen Return garantiert? Der Ertrag und das Investitionsrisiko sind die wichtigsten Hinweise für Investoren und Analysten, wenn es um die situative Bewertung von Unternehmen geht.

Ein weiteres zentrales Kriterium in diesem Kontext ist die Wachstumsperspektive eines Unternehmens. Eine Firma XY mit einer neuartigen Technologie, die einzigartig innerhalb des Wettbewerbs ist, mag die ersten Geschäftsjahre nach seiner Gründungsphase aufgrund diverser Investitionen, noch nicht profitabel sein. Seine einzigartigen Produkte und die Zukunftsperspektiven des Unternehmens sind jedoch so positiv, dass ein stetiger Wachstum zu erwarten ist. In diesem Fall ist die Realisierung von Profitabilität und Stabilität nur eine Frage der Zeit.

**Wie können Unternehmen die Reputation bei den Investoren positiv beeinflussen?**

- Profitabilität
- Stabilität
- Wachstumsperspektiven

**Leadership-Frage** ▶ **Welche Größen beeinflussen die Gesamtheit der Kunden?**

*Dienstleister interagieren direkt mit ihren Kunden*

Als Kunde erwarten wir von einem Unternehmen ein hohes Maß an Zuverlässigkeit. Die Behauptungen, die Organisationen in Werbekampagnen anpreisen sollen sich auch bewahrheiten. Die Produkte der Hersteller unseres Vertrauens sollen von einer besseren Qualität und einer höheren Funktionalität sein als die des Wettbewerbs. Am stärksten drückt sich das Verhältnis zum Kunden innerhalb des Dienstleistungssektors aus. Ein Dienstleister generiert ein Großteil seines Geschäfts über die Reputation bei seinen Klienten. Bis dato ist die Messung des Erfolgs einer Dienstleistung sehr viel schwieriger darzustellen als nackte Verkaufszahlen. Im Dienstleistungssektor bilden daher nicht zuletzt persönliche Empfehlungen einen wesentlichen Multiplikator für den Geschäftserfolg. Deshalb versuchen Rechtsanwaltskanzleien, Wirtschaftsprüfer, Marketingagenturen oder Unternehmensberatungshäuser einen tadellosen und gewissenhaften Ruf gegenüber ihren Kunden zu wahren. Unternehmen wie zum Beispiel KPMG, Ernst & Young, McKinsey oder Deloitte & Touche profitieren von ihrer gefestigten Reputation am Markt – diese Tatsache spiegelt sich nicht zuletzt in der Kundenakquise wieder.

**Das Zuverlässigkeitsprinzip:** Je zuverlässiger eine Organisation auf seine Kunden wirkt, desto angesehener ist sie. *(Fombrun, S.64)*

Ein entscheidendes Kriterium für den Erfolg eines Produktes ist seine Absatzfähigkeit. Mehr Kunden bedeuten mehr verkaufte Produkte, was wiederum einen höheren Bekanntheitsgrad am Markt mit sich bringt. Welches Unternehmen stellt also die besten Produkte her und was unterscheidet die Hersteller dieser Produkte? Konsumenten beeinflussen diese Fragen bei der Kaufentscheidung, während sich die Führungsriege und die Produktentwickler in Unternehmen sich die Köpfe zermartern wie sie derartige Produkte produzieren können. Qualität heißt, sich niemals vor den Kunden entschuldigen zu müssen.

**Was bedeutet Qualität für den Unternehmer?**
- wenig Nachbesserung
- längere Haltwertszeiten
- wenig Fehler und Verspätungen
- Effizienterer Einsatz von Zeit und Material
- Kürzere Zyklen zwischen der Identifikation und der Lösung von Defiziten

Produktqualität ist ohne Zweifel eines der wichtigsten Kriterien und Unterscheidungsmerkmale im zunehmenden Wettbewerb. Wie wichtig Kundenbindung und die Attraktion neuer Klienten ist, habe ich bereits an früherer Stelle erörtert. In einer Gesellschaft, in der nicht nur der Dienstleistungssektor einen immer höheren Stellenwert einnimmt, rückt die Bindung und die Neugewinnung von Kunden immer mehr in den Vordergrund. Frank Müller, Marketing Manager Central Europe bei RSA Security, einem weltweit führenden Hersteller für IT-Sicherheit urteilt wie folgt: „Unser Basis-Fokus ist Kunden-orientiert. Unsere Qualitätsbeschreibung bedeutet die Erfüllung der Kundenanforderungen und -wünsche zu hundert Prozent. Wir wollen, dass uns unsere Kunden als einen Hersteller wahrnehmen, der qualitative hochwertige Produkte liefert Wir sind der festen Überzeugung, dass die Zufriedenheit unserer Kunden mittel- und langfristig einen positiven Return und einen höheren Marktanteil bietet."

*Kundenbindung als Erfolgskriterium*

Eine erfolgreiche Kundenbindung bedingt einen stetigen Diskurs mit den Klienten und eine entsprechend offene und aussagekräftige Kommunikation. Service und Support bilden einen weiteren essentiellen Teil in Bezug auf die Beeinflussung der Reputation der Kunden. So sind Service-Helpdesks oder Call-Center bei vielen Unternehmen heutzutage zu einem strategischem Bestandteil geworden und stehen den Kunden unterstützend zur Seite stehen. Auch in diesem Kontext eine effiziente Kommunikationsstrategie ein Schlüssel zum Erfolg.

In Zeiten, in der die Sensibilität des Kunden per se zunimmt, ist ein Unternehmen mehr denn je in der Pflicht, eine transparente Kommunikation mit seinen Käufern zu pflegen. Das gilt speziell in Krisenzeiten. Viele Entscheider tendieren nämlich leichtsinnigerweise immer noch eher dazu, Informationen der Öffentlichkeit vorzuenthalten, anstatt sämtliche Fakten, auch negativer Art, nach außen zu kommunizieren. Krisenmanagement steht und fällt mit der Kommunikation – wer loyal und ehrlich mit seinen Stakeholdern umgeht, dem wird auch mal ein Kapitalfehler verziehen. Unter Umständen bleibt die Ehrlichkeit im Umgang mit den Informationen sogar eher in den Köpfen verwurzelt als der eigentliche Auslöser einer Krise.

**Wie können Unternehmen die Reputation bei den Kunden positiv beeinflussen?**

- Produktqualität
- Kundenservice

**Leadership-Fragen** ▶ **Welche Meinungsbilder beeinflussen die Gesellschaft?**

Die Gesellschaft erwartet von Unternehmen Verantwortung gegenüber der Umwelt und dem sozialen Gefüge. Die meisten Mitarbeiter von Unternehmen leben dort, wo sie auch beruflich tätig sind. Sie profitieren somit von der lokalen Infrastruktur. Insofern sollten Unternehmen der Gesellschaft wenigstens das zurückgeben, was sie sich auch nehmen, für die Belange ihrer Umwelt sensibilisiert sein und am sozialen Leben partizipieren. Der Einfluss, den Unternehmen in Kommunen und Regionen haben, ist nicht zu unterschätzen. Sie füllen den Gemeinden nicht nur die Kassen, indem sie Gewerbe- und Grundsteuer bezahlen, sondern investieren oft darüber hinaus in edukative Aktivitäten, Umweltprojekte oder infrastrukturelle Maßnahmen.

*Unternehmen müssen auch das Umfeld ernst nehmen*

Die Politik fordert ein direktes Engagement der Unternehmen, wenn es um die Interessen der Umwelt geht. So sollen sie sich beispielsweise an der Entsorgung von Müll genauso beteiligen wie an Maßnahmen gegen der Luft-, Wasser- und Landverschmutzung. Dabei werden Unternehmen sozusagen personifiziert und als ein Teil der Gesellschaft interpretiert. Dementsprechend haben sie als Teil dieses sozialen Gefüges auch Rechten und Pflichten zu erfüllen, um in der Außenwirkung als verantwortungsbewusst wahrgenommen zu werden. Der Gründer eines namhaften Elektronikkonzerns meint dazu: „Die Annäherung an das Ziel, in der Öffentlichkeit als pflichtbewusstes und verantwortungsvolles Unternehmen zu gelten, ist ein langer und beschwerlicher Weg. Als wir anfingen, wirklich gute Umsätze zu generieren, haben wir auch damit begonnen, die Gemeinde zu unterstützen. Unser Engagement für das Gemeinwohl hat unserem Image einen enormen Schub gegeben. In der Folge hat uns das auch bei der weiteren Expansion unseres Geschäftsfeldes geholfen und unsere Reputation nach außen gefestigt."

Die Unterstützung von ehrenamtlichen Tätigkeiten, Gemeinschaftsarbeiten, Umweltschutz, Gleichstellung am Arbeitsplatz oder Mitarbeiterbeteiligung liegen also voll im Trend. Unternehmen nutzen diese Faktoren, um eine soziale Integration zu schaffen, Entfremdungstendenzen zu vermeiden und Teil der Gesellschaft zu werden um auf diese Weise ihre mittel- und langfristigen Entwicklungschancen zu verstärken. Somit werden die Wettbewerbsfähigkeit untermauert und neue Geschäftspotentiale erschlossen. Ohne Zweifel wird die Reputation eines Unternehmens in der Öffentlichkeit wird durch das Engagement für das Gemeinwohl gestärkt.

*Engagements schaffen eine soziale Integration*

> **Das Verantwortungsprinzip:** Je verantwortungsvoller eine Organisation in der Gesellschaft wirkt, desto angesehener ist sie. *(Fombrun, S. 70)*

Im gesellschaftlichen Kontext geht es dem gut, der Gutes tut. Unternehmen, die sich in sozialen und öffentlichen Bereichen engagieren, ernten auch ein positives Feedback aus der Gesellschaft. Man spricht in diesem Zusammenhang häufig von „Coporate Citizenship" – dem Unternehmen wird also eine Staatsbürgerschaft zugeschrieben und wird als Teil der Gesellschaft interpretiert.

Ein Unternehmen, das einen starken regionalen Bezug hat und sich sowohl im lokalen Umfeld als auch global engagiert, ist die BOV AG aus Essen. Zunächst war die Aktiengesellschaft auf Schulungen, Seminare und die Veranstaltung von Trainings rund um EDV-Themen spezialisiert. Sehr schnell hat sich das Unternehmen zu einem großen Beratungshaus rund um die Informationstechnologie entwickelt und beschäftigt mittlerweile mehr als 400 Mitarbeiter. Einige Vorstandsmitglieder engagieren sich im edukativer Bereich auf regionaler Ebene und unterstützen sowohl Netzwerke als auch lokale Aktivitäten. Im Ruhrpott genießt die BOV deshalb einen sehr guten Ruf bei Kunden und in der Öffentlichkeit. Darüber hinaus unterstützt die BOV auch globale Projekte. „Fairnetzen" ist ein eigeninitiiertes Programm, das Schulen in Brasilien mit EDV-Infrastruktur und Einführungstrainings und -schulungen unterstützt. Dieses Projekt hat auch über die Grenzen Essens hinweg für Aufsehen gesorgt und das Unternehmen als verantwortungsbewusst und sozial engagiert positioniert.

Die Kosmetikfirma Body Shop baut ihr weltweites Franchise-System auf natürlichen Produkten auf. Ganz konträr zur traditionellen Kosmetik-Branche basiert die Geschäftsidee auf ursprünglichen und authentischen Inhaltsstoffen sowie auf das allgemeine Wohlbefinden. Die Gründerin der Body-Shop-Idee Anita Roddick feierte mit ihrem Konzept weltweit einen überwältigenden Erfolg feiert. Sie habt dabei immer wieder die Wichtigkeit weicher Größen hervor: „Die Geschäftsverantwortung liegt nicht im nackten Produzieren von Zahlen, als vielmehr im Schaffen einer lebhaften, pulsierenden und ehrenwerter Organisation mit einem starken Bezug zur Gesellschaft. Ich bin der festen Überzeugung, dass Unternehmen nicht nur an ihrem wirtschaftlichen Erfolg gemessen werden sollten. Organisationen sind die eigentlichen Bewohner unseres Planeten – sie haben die Macht Grenzen zu brechen und die Gesellschaft zu verändern. Es gibt weltweit keine standardisierte ethischen oder moralischen Verpflichtung für Unternehmen und genau das ist der Punkt, der sich mittel-, und langfristig ändern muss."

*Unternehmen nicht nur am wirtschaftlichen Erfolg messen*

Es gibt von offizieller Seite zahlreiche Restriktionen in Sachen Umweltverordnungen. Darüber hinaus versuchen Initiativen Unternehmen zu einem verantwortungsvolleren Umgang mit der Umwelt zu animieren. Unternehmen, die in ihren Produktionsabläufen mit Abgasen, Müll oder Schadstoffen die Umwelt belasten sind in diesem Zusammenhang besonders gefordert. Solche Firmen müssen konsequent um einen intensiven Diskurs und eine aufklärende Kommunikation bemüht sein, wenn sie nichts von ihrem Ruf in der Gesellschaft einbüßen wollen. Das „Council on Economic Priorities (CEP)" veröffentlicht regelmäßig Rankings, die einen Aufschluss über die Außenwirkung von Unternehmen in Bezug auf deren Umweltbewusstsein geben sollen. Die Auswertungen haben eine direkte Auswirkung auf den Unternehmenswert. In welchen Wechselwirkungen sich Reputation und Unternehmenswert gegenüberstehen, wird an späterer Stelle noch besprochen.

Ergebnisse (Auszug) der Umfrage des Council on Economic Priorities (CEP) im Sommer 1993 in Bezug auf das Umweltengagement unterschiedlichen Unternehmen:

| Positive Einstufung | Negative Einstufung |
| --- | --- |
| AT&T | Boeing |
| Compaq | Chrysler |
| Colgate | Exxon |
| GAP | General Electric |
| Kellogg's | Merck |
| Timberland | Pfizer |
| Wal-Mart | Philip Morris |
| Xerox | Chevron |

Unabhängig von der Größe, werden vor allem diejenigen Unternehmens positiv wahrgenommen, die versuchen durch ihre Aktivitäten, Entscheidungen, Strategien und Geschäftsmethoden eine möglichst große Zahl der unterschiedlichen Interessensgruppen zu erreichen. Gewisse Inkompatibilitäten sind dabei freilich evident, deshalb fokussieren Entscheider auf einen langfristigen Managementprozess, bis die Reputation auch in eine entsprechende Profitabilität mutiert. Sie realisieren, dass die divergierenden Perspektiven von Mitarbeitern, Kunden, Investoren und der Gesellschaft erst über einen längeren Zeitraum hinweg aufeinander abgestimmt werden können. Ob aus einer moralischen Motivation oder einer eher utilitaristischen Logik heraus, erkennen sie jedoch den Mehrwert, den die Reputation auf die Profitabilität, die Stabilität, die Attraktivität oder die Integrität eines Unternehmens haben kann.

*Investitionen in Stakeholderbeziehungen bedeuten eine postitive Wahrnehmung*

Der Riesenkonzern Johnson & Johnson ist weltweit dafür bekannt, die große Mitarbeiterschar auf exzellente Weise in eine große Gemeinschaft zu integrieren. Unternehmen wie IBM oder 3M stehen für ihre hohe Innovationsfähigkeit und die hohe Produktqualität. Wal-Mart fokussiert die absolute Kundennähe und setzt dabei auf einen hohen Motivationsgrad der Mitarbeiter. In all diesen Unternehmen bestimmen gewisse Werte und Kernbotschaften den Umgang der Mitarbeiter untereinander und mit der Außenwelt. Die Stakeholder , die in diese Prozesse involviert sind schärfen ihre Wahrnehmung gegenüber einem Unternehmen. Mitarbeiter, Kunden, Investoren und die Gesellschaft unterliegen einem stetigen sozialen, wirtschaftlichen und moralischen Wandel. In der heutigen Zeit machen die Stakeholder keinen Hehl mehr daraus,

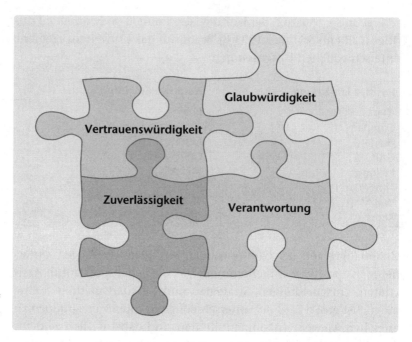

Abbildung 22:
**Die vier Säulen auf der eine gefestigte Reputation fußt**

was sie von Unternehmen erwarten oder welche Art von Produkten und Dienstleistungen sie wünschen.

Problematisch wird es für Unternehmen dann, wenn die Empfindungen und Wahrnehmungen nicht mit der Realität korrelieren. Eine Firma wie Body Shop lebt von ihrem Image als Produzent natürlicher Produkte. Das Geschäftsmodell, die Produktionskette, ja selbst der Service-Prozess sind hundertprozentig auf diese Firmenphilosophie ausgelegt. In kürzester Zeit wurde dieses Konzept von den Verbrauchern, den Investoren, der Gesellschaft und auch den Mitarbeitern sehr positiv angenommen. Seit der Gründung im Jahre 1984 sind die Börsenkurse dynamisch gestiegen und Body Shop hat mit seinem Franchise-Modell von Großbritannien aus mittlerweile die ganze Welt erobert. Was passiert nun, wenn ein findiger Journalist nun aufdecken sollte, dass Body Shop nicht seine komplette Produktpalette mit natürlichen Inhaltsstoffen herstellt oder Kunden reagieren auf ein bestimmtes Produkt mit Hautreizungen und es stellt sich nach einigen Untersuchungen heraus, dass es Schadstoffe enthält?

Es ist davon auszugehen, dass in einem solchen Fall die Wahrnehmungen in der Öffentlichkeit und die Realität massiv divergieren. In der Regel äußert sich eine solche Krise für ein Unternehmen prompt. In kürzester Zeit würden die Aktienkurse fallen, die Umsätze zurückgehen, Mitarbeiter wären verunsichert und die Öffentlichkeit enttäuscht. Selbst Stammkunden würden sich in einer solchen Situation von einem Unternehmen getäuscht fühlen und extrem empfindlich reagieren. Die Reputation wäre massiv in Mitleidenschaft gezogen worden. Dann heißt es, die Krise zu meistern – Unternehmen tun gut daran für solche Fälle gewappnet zu sein und Krisenmanagement zu beherrschen. Speziell im Endverbrauchermarkt sollte in der heutigen Zeit ein Krisenfahrplan unumgänglich sein. Kunden reagieren empfindlicher denn je. In einem harten Wettbewerb, in dem sich Produkte in ihrer Funktionalität und ihrem Preis nur noch marginal unterscheiden kann, kann eine Krise wirtschaftliche Folgen haben, die durchaus im Ruin eines Unternehmens enden können. Es muss also dafür Sorge getragen werden, dass Wahrnehmung (engl. perception) auf der einen und Realität (engl. reality) auf der anderen Seite im Einklang stehen.

*Reputation kann schnell leiden*

Die meisten Unternehmen können sich schon glücklich schätzen, wenn es ihnen gelingt, in einem der Definitionsbereiche eine maximale Resonanz zu erzielen. Die Interaktion mir den vier wichtigsten Stakeholdergruppen Mitarbeiter, Investoren, Gesellschaft und Kunden soll möglichst effizient die vier Images Zuverlässigkeit, Verantwortung, Glaubwürdigkeit und Vertrauenswürdigkeit als Ergebnis hervorrufen (siehe Abbildung 22).

# 3.
# Was bringt eine gute Reputation?

◆

*Reizvoll klinget des Ruhms lockender Silberton in das schlagende Herz, und die Unsterblichkeit ist ein großer Gedanke, ist des Schweißes der Edlen wert!*

Klopstock

## 3.1
## Reputation als Stimulus?

▶ Kann die Reputation eines Unternehmens tatsächlich auch einen Stimulus darstellen?

Leadership-Frage

Wenn eine Organisation es schafft, seine Reputation so zu managen, dass die Außenwahrnehmung auch den definierten Zielvorgaben entspricht ist diese Frage offensichtlich mit einem klaren „Ja" zu beantworten. Reputation kann die unterschiedlichsten Bereiche eines Konzerns stimulieren. Eine positive Reputation auf dem Markt, kann für ein Unternehmen die Stellung eines „Primus inter pares" – einem Ersten unter Gleichen bedeuten. Konkurrenzfähige Mitbewerber können schon allein durch ein überdurchschnittliches Renomée überflügelt werden. Die Einführung neuer Produkte oder Dienstleistungskomponenten fällt Firmen mit einem traditionell gefestigten Renommée, bewährten Qualitätsstandards und einer makellosen Reputation wesentlich leichter.

*Reputation als Stimulus*

Der etablierte Name mit allen positiven Assoziationen ermöglicht unter Umständen sogar höhere Gewinnmargen. Mit einer guten Reputation hat ein Entscheider ganz andere Möglichkeiten bei der Umsetzung der Preismodelle für Produkte oder Dienstleistungen. Unternehmen haben es darüber hinaus leichter, geeignete und qualifizierte Bewerber zu finden, wenn sie über eine entsprechende Reputation verweisen können. Ferner werden Firmen in Krisen weniger in Mitleidenschaft gezogen, wenn sie bereits im Vorfeld über einen gewissen Kredit bei den Stakeholdern verfügen, der auf ihrer gewachsenen Reputation fußt.

Wenn das Krisenmanagement dann auch noch professionell und geordnet verläuft, können Unternehmen ihre Reputation in Krisen sogar noch festigen – so makaber das auch klingen mag. Nicht ohne Grund existiert das Sprichwort: „Eine Krise ist immer auch eine Chance!" – Das gilt nicht nur für Individuen sondern gleichsam auch für Organisationen. Wer über eine gefestigte Marktposition verfügt, hat auch mehr Einfluss- und Interventionsmöglichkeiten auf branchenspezifische Prozesse. Einem Unternehmen mit einem überdurchschnittlichen Ruf, wird in seinen Aussagen und Entscheidungen ein hohes Gewicht beigemessen. Gerade wenn es um Vorsitze in größeren institutionellen Einrichtungen oder Verbänden geht, haben Vertreter dieser Unternehmen eine hohe Kompetenz. Je besser die Reputation, desto geringer wird die Notwendigkeit, die öffentlich zu propagieren. Das zieht weniger Investitionen in Kommunikationsmaßnahmen mit sich und bedeutet mehr finanzielle Ressourcen für andere Unternehmensinitiativen.

*Eine gefestigte Reputation erleichtert vieles*

**Kernsatz**

- **Eine gefestigte Reputation generiert unternehmerischen Nutzen!**

- Sie fügt den Produkten oder Dienstleistungen psychologische Werte zu (z. B. Vertrauen, Zuverlässigkeit)
- Sie vermindert Risikoaversionen bei den Verbrauchern – Unternehmen wird eher vertraut (Vertrauenskredit/-bonus)
- Sie unterstützt die Kunden bei Entscheidungen für Produkte oder Dienstleistungen, die in Funktionalität und Preisgefüge ähnlich sind
- Sie erhöht die Zufriedenheit der Mitarbeiter
- Sie ermöglicht einen leichteren Zugang zu geeigneten Bewerbern
- Sie unterstützt Marketingaktivitäten – eine höhere Glaubwürdigkeit stimuliert die rationale und emotionale Entscheidungsebene
- Sie erleichtert Produkteinführungen – lange Wartezeiten zwischen der Ankündigungen und der eigentlichen Einführung von Produkten werden leichter verziehen
- Sie hinterlässt spür- und messbare Spuren beim Mitbewerb – nicht selten werden Produkte renommierter Hersteller rasch kopiert

- Sie eröffnet Zugang zu den besten Dienstleistern – diese wollen sich nämlich unter dem Mantel der guten Reputation ihrer Klienten „erwärmen"
- Sie erleichtert das Meistern einer Krise
- Sie generiert Interesse für mögliche Investoren
- Sie ermöglicht eine gute Position bei Verhandlungen mit Produktions- und Vertriebspartnern
- Sie erhöht den generellen Handlungsspielraum
- Sie untermauert die bereits existenten Werte wie Kompetenz, Produktqualität, Funktionalität etc.

Wer also im öffentlichen Diskurs den Erfolg sucht, wird ihn in der Regel nicht auf der Basis einer unzulänglichen, fragwürdigen oder kaum zu erkennenden Reputation erhalten.

Insbesondere für Unternehmen besitzt Reputation den Charakter eines Erfolgsgaranten, denn wer vielfach besprochen und öffentlich für seine Leistungen honoriert wird, findet seine Kunden, wie ihn die Kunden finden: schnell, ohne Mühe, komplikationslos, voller Enthusiasmus bereit, auf seine nachweislich großen, längst gesellschaftlich internalisierten Kompetenzen zu vertrauen.

*Reputation – Ein echter Erfolgsgarant!*

Der Stimulus, der durch die Unternehmensreputation auf die Anspruchsgruppen einwirkt ist also zweifelsohne vorhanden. Entscheider müssen lernen, diese Größe strategische zu begreifen. Hierzu ist noch viel Aufklärungsarbeit notwendig.

## 3.2
## Reputation als strategische Unternehmensgröße – Der Nutzen von Reputationsmanagement

*Ein Mensch bleibt weise, solange er die Weisheit sucht; sobald er sie gefunden zu haben wähnt, wird er ein Narr.*

*Spruch aus dem Talmund*

Der Spruch aus dem Talmund impliziert, dass die Menschen niemals aufhören sollten, nach der Weisheit zu suchen. Ähnlich verhält es sich mit dem Aufbau eines guten Rufs. Es handelt sich um einen kontinuierlichen Prozess. Wer sich erst einmal eine positive Reputation erarbeitet hat, muss alles daran setzen, diese zu erhalten.

Ich fasse an dieser Stelle noch einmal zusammen, was Reputationsmanagement in der Theorie bedeutet:

> **Reputationsmanagement** ist die Vermittlung und Beeinflussung von Nutzen und Werten hinsichtlich der Innen- und Außenwirkung eines Unternehmens gegenüber allen Stakeholdern.
> Es ist das systematische Verstehen, wie Stakeholder über ein Unternehmen oder Personen denken und fühlen. Die Analyse, wie es zu diesen Eindrücken kommt, ist für die Evaluierung von entscheidenden Komponenten des Reputationsmanagements ein wesentlicher Bestandteil. Das Ergreifen geeigneter Maßnahmen – wie zum Beispiel die Konzeption und effiziente Verwirklichung einer integrierten Kommunikationsstrategie – kann den Grad der Reputation eines Unternehmens, einer Organisation oder Institution etc. beeinflussen und verbessern.

Wenn eine Person oder ein Unternehmen einen gewissen Ruf erlangt haben, kann sich dieser aufgrund gewisser Einflüsse unter Umständen sehr schnell wieder verändern. Diese Veränderungen zu kontrollieren ist das Ziel der Disziplin Reputationsmanagement. Die Theorie, die hinter Reputationsmanagement steckt ist das spezifisches Handeln und Bestreben von Unternehmen, einen gewissen Ruf sowohl im Innen- als auch im Außenverhältnis zu erlangen, beibehalten und zu schützen. Reputationsmanagement kann auf unterschiedliche Art und Weise indirekt und direkt gelenkt werden. Entsprechende Instrumente werden wir später noch ausführlich vorstellen.

*Reputationsmanagement dient dem Erhalt und Ausbau des Unternehmensansehens*

Die Reputation kann also offensichtlich ganz unterschiedliche Parameter in Unternehmensprozessen beeinflussen. Fakt ist, dass die „weiche Größe" (engl. Intangible Asset) Reputation im strategischen Management eine immer wichtigere Rolle spielt. Unternehmensberater und Wirtschaftsprüfer müssen diesen Faktor künftig in die Prozesse der Unternehmensbewertungen miteinbeziehen. Reputation hat einen so hohen Stellenwert und beeinflusst so viele Faktoren in der Wertschöpfungskette, dass ein effizientes Management zwingend notwendig wird. Doch zunächst muss Reputation in einem strategischen Kontext begriffen werden. Dann erst rücken Evaluierungsinstrumente auf den Plan, die wertvolle Informationen und Daten über die Wahrnehmung eines Unternehmens bei den einzelnen Anspruchsgruppen liefern. Erst im Anschluss können diese Daten als Rückschluss und Erkenntnis dienen und in Managementprozesse eingebettet werden.

Wenn ein Unternehmer seine Strategien auf diesen Erkenntnissen aufbaut und damit direkt und indirekt versucht, vom bereits beschriebenen Nutzen einer positiven Reputation bei den Stakeholdern zu profitieren, wird der Unternehmenswert mittel- und langfristig ansteigen. Reputationsmanagement ist eine wichtige Disziplin mit nachhaltigen Auswirkungen auf eine Organisation. Reputation wirkt dann wie es C. Formbrun so treffend formuliert tatsächlich als Magnet. Sie ist wichtige eine unternehmerische Größe und Reputationsmanagement stellt sozusagen die Kür dar.

Rufen wir uns an dieser Stelle nochmals die Definition von Reputationsmanagement ins Gedächtnis:

◆ **Reputationsmanagement ist die Vermittlung und Beeinflussung von Nutzen und Werten hinsichtlich der Innen- und Außenwirkung eines Unternehmens gegenüber allen Stakeholdern.**  *Kernsatz*

Es ist das systematische Verstehen, wie Stakeholder über ein Unternehmen oder Personen denken und fühlen. Die Analyse, wie es zu diesen Eindrücken kommt, ist für die Evaluierung von entscheidenden Komponenten des Reputationsmanagements ein wesentlicher Bestandteil. Das Ergreifen geeigneter Maßnahmen – wie zum Beispiel die Konzeption und effiziente Verwirklichung einer integrierten Kommunikationsstrategie – kann den Grad der Reputation eines Unternehmens, einer Organisation oder Institution etc. beeinflussen und verbessern.

▶ **Wie werden Produkte und Dienstleistungen von den Stakeholdern eigentlich rezipiert? Welche Trends zeichnen sich auf dem unternehmensspezifischen Markt ab und dominieren die Branche? Welche Kundenbedürfnisse definieren die Marktsituation?**  *Leadership-Frage*

Nur über geeignete Mechanismen des Reputationsmanagements lassen sich differenzierte und zuverlässige Expertisen formulieren. Diese lassen dann zum Beispiel Rückschlüsse zu, worauf sich das Dienstleistungsangebot konzentrieren und um welche Komponenten das Portfolio erweitert bzw. reduziert werden sollten. „Antizipation statt Stagnation" – diese Devise geht jeder erfolgreichen Entscheidung vorweg.

*Reputation als Wappenschild*

Reputation gleicht einem Wappenschild: die Ehre des Namens muss man behaupten – tagtäglich, Woche um Woche, Monat um Monat, und nicht zuletzt, Quartal um Quartal, denn Quartalsberichte illustrieren eindrucksvoll, wie erfolgreich – und ob überhaupt – die Kernbotschaften und Maximen eines Unternehmens Resonanz gefunden und sich bewährt haben. Natürlich, manche Marken sind nahezu „sakrosankt" und seit Generationen im Gedächtnis der Bevölkerung als unanzweifelbare Garanten für Besonderes internalisiert, doch das sind nur die Präzedenzfälle (z. B. Coca Cola, Tempo, McDonald's u.a.). Mehrheitlich müht sich jedes Unternehmen darum, seine Präsenz mit Erinnerungsmomenten zu versehen, denn ein kurzfristig erobertes Renommee besitzt beängstigende Halbwertszeiten. Umso bedeutsamer wird es, die Effizienz der bestehenden Unternehmensleitbilder zu überprüfen: wirkungsvoll, detailliert und in allen Medienorganen des öffentlichen Lebens. Im Prozess des Reputationsmanagements werden die Verhaltensmuster der Stakeholder observiert, ihre Wahrnehmungen aufgesaugt und entsprechend analysiert.

**Leadership-Frage** ▶ **Wie korrelieren Außenwahrnehmungen und Realität?**

Dass die Selbstwahrnehmung nicht immer mit der Außenwahrnehmung übereinstimmt, wissen wir aus dem täglichen Leben. Interessant ist aber auch ein Vergleich zwischen den Wahrnehmungen der Anspruchsgruppen und der tatsächlichen Ist-Situation, quasi der Performance eines Unternehmens. Die „Reputations-Matrix" verdeutlicht diese Korrelation.

Wenn ein Unternehmen am Ziel seiner Träume – also sozusagen auf der Sonnenseite des Lebens steht – dann sind sowohl die Leistung als auch die Reputation im Einklang. Unternehmen, die sich im Quadranten oben rechts wiederfinden müssen also wenig Risiken befürchten, weil sie über eine sattelfeste Reputation verfügen, die nicht zuletzt mit einem stabilen wirtschaftlichen Ergebnis einhergeht. Nehmen wir jetzt einmal die New Economy als Beispiel auf. Die Haffa-Brüder beispielsweise waren mit Kabel New Media in aller Munde. Der Aktienkurs ist auf astronomische Höhen gestiegen und dem Unternehmen wurde eine brillante Zukunft vorhergesagt. Kurzum, die Außenwahrnehmung war optimal, sowohl die Öffent-

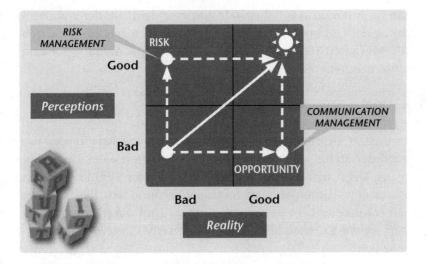

Abbildung 23:
**Reputations-Matrix**
(Quelle: Reputation Institute)

lichkeit als auch die Investoren hatten ein enormes Vertrauen in das Unternehmen. Da war es sekundär, dass der wirtschaftliche Erfolg anfänglich ausgeblieben ist – zunächst. Nachdem aber auch weiterhin die Resultate zu wünschen übrig ließen und sich auch langfristig keine Besserung ergeben haben, bröckelte auch der Ruf des Haffa-Imperiums zunehmend und gipfelte schlussendlich in der totalen Pleite. Ein Unternehmen, das sich in einer solchen Situation befindet, bewegt sich im Quadranten oben links. Wenn die Außenwahrnehmungen hoch sind, aber betriebswirtschaftlich mangelhaft agiert wird, müssen Maßnahmen des Risikomanagements eingesetzt werden, um eine Besserung herbeizuführen. Hier gelten strategische Managementinstrumente – Kommunikation allein kann das Schiff nicht aus dem wirtschaftlich schlechten Fahrwasser retten.

Umgekehrt sieht es aus, wenn trotz wirtschaftlichen Erfolgs das Image bei den Anspruchsgruppen schlecht ist. Dann sollten schnellstmöglich Kommunikationsmaßnahmen eingesetzt werden. Aufgrund der wirtschaftlichen Stabilität sind in diesem Fall die unternehmerischen Risiken gering – im Gegenteil. Dem Unternehmen bieten sich Chancenpotentiale, seinen Ruf unter Einbezug der Wirtschaftlichkeit in die Kommunikationsmaßnahmen, deutlich zu verbessern.

*Kommunikation als Schlüssel für den Erfolg*

Die Matrix verdeutlicht auf anschauliche Art und Weise, wie die Größen Außenwahrnehmung und wirtschaftliche Performance miteinander korrelieren und welche Stellschrauben greifen müssen, um Ist-Zustände in Soll-Zustände umzuwandeln. Aus der Wahrnehmung des Unternehmens, seiner Leistungen etc. ergibt sich durch die relevanten Stakeholder eine Konsequenz: die Achtung vor dem Unternehmen.

**Kernsatz**

◆ **„Volkes Stimme" ist unverfälscht!**

In unserer Gesellschaft gründet nahezu alles auf Relationen, – so auch der Status, das Renommee: die Reputation eines Unternehmens. Denn wie könnte man ein verbindliches Verdikt über den Status eines Unternehmens formulieren, ohne sich die Situation seiner Mitbewerber zu vergegenwärtigen? Und wie soll man erkennen, welche Kriterien über die Reputation eines Unternehmens entscheiden?

Mitunter entscheiden vermeintliche Marginalien über den Grad der Akzeptanz und das Interesse an den Dienstleistungen, Produkten und Angeboten eines Unternehmens, mitunter auch nur temporäre Präferenzen der (potentiellen) Kunden, ob und in welchem Maße ein Unternehmen sich gegen seine Mitbewerber durchsetzt oder nicht.

Je größer die Einsichtnahme in die öffentliche Präsentation der Konkurrenz, je größer die Transparenz, wer unter welchen Konditionen und mit welchem Instrumentar gesteigerte Resonanz erfährt und seine Umsätze potenziert, desto größer die Möglichkeit, eigene Fehler zu lokalisieren und verfehlte Maßnahmen zu revidieren. Die Mitbewerbsbeobachtung genießt im Zuge des Reputationsmanagements einen nicht zu unterschätzenden Stellenwert.

*Kontrolle des Mitbewerbs nicht zu unterschätzen*

Erst eine zielgruppenspezifische Definition der für das Unternehmen relevanten Informationsquellen, offeriert einen verbindlichen Einblick, welche Unternehmensstrategien und Kommunikationsmaßnahmen tatsächlich einen spezifischen und paradigmatischen Charakter besitzen. Insbesondere bei der Bewertung renommeeentscheidender Faktoren, hat die Aktualität der gewonnenen Resultate nahezu unbegrenzte Bedeutung. Nur auf der Basis zeitnaher Erhebungen, gewinnt ein Unternehmen Einblick in die tatsächliche Bewertung und den Stellenwert seiner Reputation im Forum der Öffentlichkeit. Auf der Grundlage von entsprechenden Evaluierungsinstrumenten gewonnene Analysen und Interpretationen assistieren dabei, die Gesamtstrategie effizient und zielgruppengerecht zu gestalten.

Nirgendwo wird evidenter, welche Meinungen, Ansichten tatsächlich repräsentativ für die Majorität der Kunden sind, nirgendwo werden Unternehmen, Geschäftspraktiken und Produktangebote kritischer und kontroverser diskutiert als auf unterschiedlichen verbraucherorientierten Kommunikationsplattformen. Das können diverse Netzwerke sein oder simple Diskussionsforen im Internet. In solchen Foren existieren keine Lobbyisten: hier artikuliert sich „Volkes Stimme": unverfälscht, klar, unmissverständlich und voller Mehrwert für ein Unternehmen bei der Recherche von Kritik und Impulsen, um Bewährtes zu verbessern, Notwendiges zu kreieren und Überflüssiges zu vermeiden. Die Technologie liefert uns Instrumente, über die wir den Kunden in Echtzeit observieren können. Ein Unternehmen bekommt also schnellstens einen Eindruck, wie seine Produkte oder Dienstleistungen rezipiert werden, welche negativen Meinungen forciert werden oder welche Krisen womöglich gerade aufkommen. Erst eine detaillierte Beobachtung der Stakeholder erlaubt Rückschlüsse und ermöglicht die Einleitung effiziente Gegenmaßnahmen.

*Hören auf „Volkes Stimme"*

*Ein guter Ruf,
der fünfzig Jahre währt, wird oft durch
eine schlechte Tat entehrt.*

Sadi

Krisen kann man nicht immer abwenden, doch oft prognostizieren. Medien sind auch Seismographen für sich anbahnenden Entwicklungen, Strömungen und Tendenzen. Noch ehe das „Beben" kommt, erscheinen in den Medien bereits Menetekel sich anbahnender Katastrophen. Wer dabei kontinuierlich und konstant die Medien verfolgt und seine Anspruchsgruppen kontrolliert, handelt auch präventiv, insofern er zu den Ersten zählt, der sich wappnet und nach Kompensationsmitteln für die drohenden Verluste seiner Branche suchen kann. Prävention bedeutet in erster Linie, zum richtigen Zeitpunkt und früh prognostizieren zu können, welche Strömungen die Wirtschaft dominieren. Sich für latent schwelende Tendenzen in den Medien zu sensibilisieren, ist das eine, es auf der Grundlage empirischer Erhebungen und skalierbarer Ergebnisse eine vollkommen andere Sache: denn professionell organisierte Kommunikationsarbeit setzt professionelle Rechercheinstrumente, -lösungen und -module voraus.

*Prävention ist ein wesentlicher Faktor im Kontext des Reputationsmanagements*

*Mit Hilfe von Instrumenten den Grad der Reputation ermitteln*

Bestimmte Überwachungsinstrumente stellen in dieser extensiven Form bislang unbekannte Möglichkeit dar.

Mit solchen Werkzeugen, die meistens auf sehr komplexen Algorithmen und Softwaretechnologien aufgebaut sind können Bewertungen vorgenommen werden, die auf wissenschaftlich fundierten,

- komparatistischen,
- permanent aktualisierten
- empirischen Erhebungen gründen, die wiederum
- Interpretationen resp. Bewertungen der recherchierten Ergebnisse und damit auch implizit
- Entscheidungen für den Anwender zulassen, auf welche Bereiche er
- seine reputationsfördernde Maßnahmen richten sollte und
- welche Kommunikationsinstrumente ihm dem größten Erfolg garantieren resp. seine Interessen adäquat unterstützen.

Unabhängig davon, wie komplex, sensibel und unfassend sich der Untersuchungsgegenstand erweist, eröffnet solche Instrumente ungeahnte Perspektiven, auf die Reputation einer Organisation Einfluss zu nehmen, indem der Anwender,

- seine Unternehmensstrategien adäquater, d.h. bemessen an den tatsächlich existenten Modalitäten, Bedürfnissen, Konditionen und Notwendigkeiten zu formulieren vermag und in die exklusive Lage versetzt wird,
- seine Kommunikationsinstrumente und -initiativen planmäßig und gezielt auf seine Adressaten/Rezipienten/Klienten abzustimmen und auszurichten.

Die optimale Vernetzung der Kommunikationsmaßnahmen und erfolgreiche Umsetzung der spezifischen Intentionen, Wünsche und Zielvorstellungen setzen repräsentative Untersuchungen und fundierte Recherchen voraus. Einzig unter dieser Prämisse kann ermittelt werden, welche Strategien am effektivsten sind. Dies kann eine crossmediale Kombination von PR, klassischer Werbung, Event-Marketing und anderen Komponenten sein oder auch nur der Einsatz eines singulären Mittels.

> *Ein Ruhm, der schnell erfolgt,*
> *erlischt auch früh.*

Schopenhauer

Unternehmen müssen dafür Sorge tragen, dass ihre erarbeitete Reputation erhalten bleibt. Wie schnell ein guter Ruf erlischen kann, habe ich im Zusammenhang mit Krisenfällen bereits angedeutet.

Instrumente zur Ermittlung einer Unternehmensreputation unterliegen keinerlei Restriktionen in Hinblick auf Auswahl und Interpretation der als relevant betrachteten Untersuchungsfelder. Letztendlich ist es nur eine Frage der Präferenz, was man untersuchen will.

*Präferenz bestimmt das Untersuchungsfeld*

So wurde beispielsweise vor der Wahl des amerikanischen Präsidenten im Jahre 2000 das Renommee der Kandidaten und ihre Position im direkten Vergleich zu den Konkurrenten via MediaQuotient, einem Messinstrument zur Reputationsanalyse ermittelt. Tagtäglich konnte eine Auswertung über den aktuellen Status quo der einzelnen Kandidaten im Vergleich zu ihren Mitbewerbern, aber auch in Hinblick auf die Rezeption des jeweiligen Präsidentschaftsanwärters fixiert werden. Welche Möglichkeiten sich damit erschlossen, als ineffektiv erkannte Kommunikationsmaßnahmen – je nach Notwendigkeit und Intention – zu reformulieren, liegt auf der Hand.

Die unterschiedlichen Vorteile des Reputationsmanagements bieten einem Entscheider völlig neue Möglichkeiten im Kontext der strategischen Unternehmungsführung.

**Reputationsmanagement:**

- ermöglicht eine Analyse des Kundenverhaltens und Trends auf spezifischen Märkten
- gibt Aufschluss über die Resonanz von Produkten und Dienstleistungen
- offeriert eine Auswertung über Kernbotschaften, Unternehmensimages, und Maximen
- erlaubt eine tägliche Analyse des Mitbewerbs
- ermöglicht die Umsetzung effizienter Marketing-, Vertriebs-, und Kommunikationsinstrumente
- observiert die Stakeholdergruppen
- fungiert als Krisenprävention
- liefert empirische und komparatistische Größen auf deren Basis Entscheidungen getroffen werden können
- erhöht Loyalität und Stabilität
- revolutioniert das klassischen Beratungsfeld

Die weiche Größe Reputation skalierbar zu machen – das stellt die große Herausforderung dar, der sich die Forschung uns Wissenschaft auf der einen und die Wirtschaft auf der anderen Seite stellen müssen.. Als vordergründiges Ziel muss also die Bilanzierbarkeit im Sinne einer wirtschaftlichen Kennzahl lauten. Wenn diesem Anspruch genügt werden kann, sind in Zukunft wesentlich differenziertere und effizientere Unternehmensbewertungen implementierbar.

## 3.3
## Reputation als Kapital

Wenn Unternehmen Reputation als Stimulus verstehen und sich den Nutzen dieser Größe verinnerlicht haben, stellt sich natürlich die

**Leadership-Frage**
▶ **Welchen wirtschaftlichen Wert hat Reputation als Größe? Ist sie überhaupt monetär bestimmbar?**

Im nächsten Kapitel werde ich noch genauer auf die Ermittlung von Daten und Informationen in Bezug auf die Größe Reputation eingehen, die als Grundlage der Integration in strategische Managementprozesse dienen. Wie kann Reputation jedoch als wirklich monetäre Größe, ergo als Kapital eines Unternehmens verstanden werden? Die tatsächlichen Aufwendungen, die ein Entscheider für das Management von Reputation einsetzt, können relativ problemlos ermittelt werden. Prof. Dr. Eugen Buß argumentiert wie folgt: „Kosten für Reputationsmanagement sind als Inszenierungskosten zu betrachten und somit Aufwand und Investition." Wie sieht es aber auf der Ertragsseite aus? Noch gibt es keine Ultima Ratio, die eine direkte standardisierte Ermittlung der Reputation als monetäre Größe erlaubt. Nur über den Einsatz empirischer Evaluierungs- und Controlling-Instrumente ist die Erhebung spezifischer Daten möglich, die dann einen Rückschluss über den Grad der Reputation ermöglichen. Dieser Grad muss dann in eine Relation zum finanziellen Wert gebracht werden.

*Grad zwischen Reputation und finanziellem Wert ist noch nicht nach standardisierten Kriterien messbar*

Bisher ist es jedoch noch nicht gelungen, eine lückenlose und stringente Relation zwischen dem Reputationsgrad auf der einen und dem finanziellen Wert auf der anderen Seite herzustellen. Der

Gegenwert der Inszenierungskosten, wie sie Prof. Buß bezeichnet, wird oft erst im Krisenfall, der Wettbewerbsbetrachtung oder bei Akquisitionsgeschäften evident. Ein gutes und signifikantes Beispiel für eine Wertsteigerung ohne eine skalierbare Gegengröße ist der Aktienmarkt. Die Meinungen, Wahrnehmungen, Erwartungen oder Einschätzungen bestimmter Stakeholdergruppen beeinflussen den Kurs einer Aktie maßgeblich. Ein entsprechendes Ansehen eines Unternehmens XY kann den Preis überdimensioniert in die Höhe treiben. Eine positive Wahrnehmung bei den Kunden kann aber auch eine deutliche Absatzsteigerung bedeuten, die auf eine bestimmte Kommunikationsmaßnahme zurückzuführen ist. Investoren, die auf ein Unternehmen aufmerksam geworden ist, weil es einen Ruf als Technologieführer oder Trendsetter genießt, können durch ihre Zuwendungen die Liquidität erhöhen.

Den Aufwand und Ertrag eines Unternehmen in Bezug auf die Größe Reputation definieren wir als Reputationskapital. Prof. Dr. Charles Fombrun beschreibt Reputationskapital auf anschauliche Art und Weise: „Der wirtschaftliche Wert der Reputation eines Unternehmens wird als Reputational Capital bezeichnet. Dieses Reputational Capital ist mit einem Bankkonto vergleichbar, dessen Währung Glaubwürdigkeit heißt und das als finanzielles Polster für schlechte Zeiten fungiert."

*Was ist Reputation Capital?*

Beziehen wir uns auf die Kunst als Beispiel für den finanziellen Wert von Reputation. Der monetäre Wert ist von zwei Dingen abhängig, die einen betriebswirtschaftlichen Bezug haben: Angebot und Nachfrage. Groteskerweise erhöht sich der Wert eines Gemäldes, sobald ein Künstler das Zeitliche gesegnet hat. Warum? Eine einfache und gleichsam einleuchtende Antwort: Das Angebot bleibt gleich, einzig die Nachfrage erhöht sich, weil der Tod des Künstlers ein bestimmtes Interesse in der Öffentlichkeit generiert hat. Freilich ist die Nachfrage in Abhängigkeit zur Reputation zum Zeitpunkt des Todes des Künstlers zu setzen. Wenn dieser einen entsprechenden Ruf auf dem Markt genossen hat, ist zu erwarten, dass die Nachfrage bei Kunstauktionen inflationär ansteigt. Pablo Picassos Werke wurden Anfang der 80er Jahre für ungefähr eine halbe Million US-Dollar verkauft – nach seinem Tod stiegen die Preise für einen echten Picasso weit über 2 Millionen US-Dollar. Oft mutieren Künstler auch erst nach ihrem Tod zu Berühmtheiten. Vincent van Gogh zum Beispiel hat Zeit seines Lebens in Armut

| Company | Product | Original Price | Price in 1992 | % Real Annual Price Increase |
|---|---|---|---|---|
| Jaguar | Top two-seater | $ 1,085.00 (in 1932) | $ 73,545.00 | 3.2 |
| Parker | Duofold fountain pen | $ 7.30 (in 1927) | $ 236.00 | 2.2 |
| Dunhill | Rollagas silver-plated lighter | $ 19.00 (in 1958) | $ 205.00 | 2.4 |
| Louis Vuitton | Suitcase | $ 29.00 (in 1912) | $ 1,670.00 | 1.7 |
| Cartier | Tank watch | $ 155.75 (in 1921) | $ 4,180.00 | 1.7 |

Abbildung 24: aus: Economist, 8. Januar 1993, Ausgabe 96

verbracht und erst nach seinem Tod ist der Wert seiner Bilder schier ins Unermessliche gestiegen.

Speziell Produkte bekannter Marken- oder Luxushersteller verlieren in der Regel nicht an monetärem Wert – im Gegenteil. Faktoren wie Tradition und Noblesse seit Generationen steigern den Wert Jahr für Jahr, unter Einbezug der Kaufkraft und der inflationären Entwicklungen. In Abbildung 24 wird diese Entwicklung anhand eines Jaguar „Zweisitzers", eines Füllfederhalters von Parker, einem Dunhill Feuerzeug, einer Cartier-Uhr und einer Louis Vuitton-Handtasche verdeutlicht. Die Preise dieser Produkte sind über die letzten Jahrzehnte systematisch angestiegen

Manager haben erkannt, dass in der Reputation eines Unternehmens auch ein hoher finanzieller Wert steckt. Diese Erkenntnis ist sicher direkt proportional auf die Entwicklung hin zum tertiären Sektor Dienstleistung zurückzuführen. Speziell im Dienstleistungsmarkt ist die Reputation eines Unternehmens ein echter Werttreiber und eine anerkannte Erfolgsgröße. Aber auch im produzierenden Gewerbe verlassen sich Unternehmen schon lange nicht mehr ausschließlich auf ihre Mitarbeiter, Produktqualität oder Funktionalitäten. Weiche Größen werden immer mehr zu einem strategischen Faktor in der Unternehmensführung. Wie oft haben wir alle schon den Satz „Unser Kapital sind unsere Mitarbeiter!" über uns ergehen lassen müssen? Im Grunde genommen reflektiert er jedoch, dass ein Unternehmen sehr wohl wert schätzt, dass die Mitarbeiter

*Weiche Größen werden zu strategischen Unternehmenswerten*

im Kontext des reputationsbildenden Prozesses eine tragende Rolle spielen. Unlängst sagte ein Manager eines renommierten Unternehmens treffend: „Wenn wir aufgrund falscher Entscheidungen Geld verlieren, ist das ein Missgeschick, das ich nachvollziehen kann – das ist menschlich. Wenn jedoch die Reputation unseres Unternehmens tangiert wird, ist das ein unverzeihlicher Fehler."

◆ **In die Bewertung eines Unternehmens müssen sowohl harte Faktoren (tangible assets) als auch weiche Faktoren (intangible assets) Berücksichtigung finden.**

**Kernsatz**

Doch spätestens an dieser Stelle befinden sich alle Wirtschaftsprüfer und Unternehmensberatungshäuser dieser Welt in einem Dilemma.

Wenn wir Unternehmen wie zum Beispiel Procter & Gamble oder 3M betrachten, sind wir mit einer Masse an unterschiedlichen Marken konfrontiert, die entsprechende Trademarks, Copyrights oder Patente aufweisen. Jedes einzelne Produkt verfügt über einen gewissen Wert und ein entsprechendes Image. Ohne Zweifel ist diese Einschätzung über eine Marke XY auch mit entsprechenden Umsätzen verbunden. Es gestaltet sich jedoch schwierig einen kausalen Zusammenhang zu einem monetären Wert herzustellen. Wirtschaftsprüfer zerbrechen sich schon lange den Kopf darüber, wie dieser Teil in der Wertschöpfungskette finanziell bewertet werden soll (siehe Abbildung 25). In der Annäherung an diesen Kon-

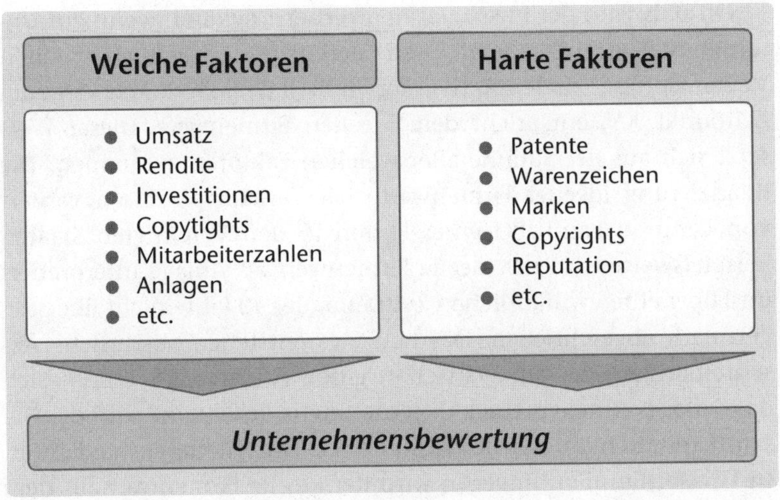

| Weiche Faktoren | Harte Faktoren |
|---|---|
| • Umsatz<br>• Rendite<br>• Investitionen<br>• Copytights<br>• Mitarbeiterzahlen<br>• Anlagen<br>• etc. | • Patente<br>• Warenzeichen<br>• Marken<br>• Copyrights<br>• Reputation<br>• etc. |

*Unternehmensbewertung*

Abbildung 25:
**Weiche und harte Faktoren**

text herrscht leider noch kein Konsens – vielmehr äußern sich viele Berater über dieses Thema so oder ähnlich: „Die Komponenten des ideellen Firmenwerts zu messen ist einfach viel zu komplex. Die Assoziation mit Kosten und Erträgen in Bezug auf den Nutzen von Reputation gestaltet sich sehr schwierig."

Das Gesamtvolumen weicher Größen wird in den USA laut New York Times (Michael Wines, „Assets Intangible? Congress Has an Idea for you," New York Times, 15. Juli 1993) auf über 400 Milliarden US-Dollar beziffert. Das entspricht einem zehnfachen Anstieg innerhalb eines Jahrzehnts. Dennoch ist es innerhalb des Bilanzierungsprozesses immer noch nicht möglich, die Werte weicher Größen skalierbar zu machen. Das wird sich spätestens im Jahr 2005 ändern, denn dann ist es in Deutschland erlaubt den Markenwert in die Bilanz einfließen zu lassen. Im Rückschluss werden Unternehmen, die über eine sehr gefestigte Reputation am Markt verfügen, unterbewertet.

*Monetäre Bewertung bleibt die Herausforderung der nächsten Jahre*

Das Reputation Institute definiert Reputationskapital wie folgt:

> Das Reputationskapital eines Unternehmens ist der überschüssige Marktwert seiner Anteile – also die Differenz des tatsächlichen Marktwerts abzüglich der Wert der Aktivposten.

In der folgenden Grafik (siehe Abbildung 26) schlägt das Reputation Institute einen Zusammenhang zwischen weichen Größen und harten Faktoren vor, die in ihrer Gesamtsumme den Marktwert eines Unternehmens zu einem bestimmten Zeitpunkt ergeben.

Oftmals wird der ideelle Firmenwert erst evident, wenn ein Unternehmen veräußert wird. Die Differenz des tatsächlich erzielten Verkaufspreises zu den Aktiva, sprich dem de facto Marktwert zum Zeitpunkt XY, entspricht dem ideellen Firmenwert. Dieser Wert setzt sich aus der Summe aller weichen Faktoren zusammen. Die Bilanzierung ideeller Firmenwerte bei Verkaufsprozessen variiert von Land zu Land. Bei einer Fusion in den Vereinigten Staaten beispielsweise wird der ideelle Firmenwert als Anlage interpretiert und über einen willkürlichen Zeitraum, der 40 Jahre nicht übersteigen darf, abgeschrieben. Das heißt, es entstehen alljährliche Abschreibungskosten auf Wirtschaftsgüter. Andererseits erhöht sich das Anlagevermögen eines Unternehmens. Insgesamt wird die Gesamtkapitalrentabilität des fusionierten Unternehmens gedämpft. In Großbritannien hingegen wird der ideelle Firmenwert aus dem

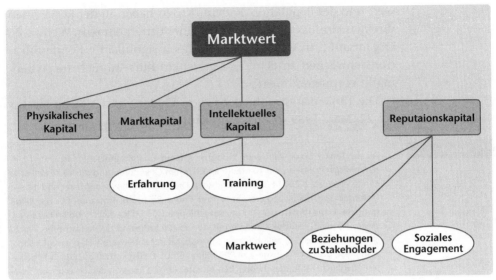

Abbildung 26:
Marktwert =
Summe der soft
und hard Facts

Eigenkapital ausgebucht. Somit wird das Renditeverhältnis in keiner Weise beeinflusst.

Michael Ozanian schlägt in seinem Artikel in der Financial World („What's in a name? What the World's Top Brands Are Worth,"Financial World, 01. September 1990) folgende Annäherung vor: "Wieso sollten für Anlagen, die in ihrem Wert kontinuierlich ansteigen überhaupt Abschreibungen stattfinden? Markenwerte sollten jedes Jahr neu bestimmt werden und die Aufwendung zu Festigung, Erhalt und Unterstützung derselben in Kapital umgerechnet werden. Sobald der Marktwert sinkt, werden diese Aufwendungen als Kosten gebucht."

Marketingexperten rätseln ebenso wie Wirtschaftsprüfer, welchen monetären Wert eine Marke hat und wie dieser bestimmt werden kann. Tatsächlich verkaufen viele populäre Marken Lizenzrechte an Dritte, die mit Hilfe der Marke ihre hauseigenen Produkte vertreiben wollen. Walt Disney erzielt jährlich Milliardenbeträge durch den Lizenzverkauf. Die Summe dieser Erträge gibt sicherlich einen Eindruck über die Reputation des Disney-Konzerns. Aber die relative Zufriedenheit der Kunden kommt beispielsweise nicht zum Ausdruck. Wir sprechen in diesem Zusammenhang daher auch von Markenwerten und nicht von der monetären Reputationsgröße.

*Markenwert ist nicht gleich Reputationswert*

Vor allem, wenn sich Unternehmen mit Risiken oder Krisen konfrontiert sehen, wird die Relation zwischen dem monetären Marktwert und der Reputation evident. Krisen haben in der Regel einen direkten Einfluss auf das Ansehen eines Unternehmens. Wenn eine Organisation in einer Krise dann noch signifikante Kommunikationsschwächen an den Tag legt, ist ein Kurseinbruch am Aktienmarkt vorprogrammiert.

Die Tankerkatastrophe der Exxon Valdez vor der Küste Alaskas am 24. März 1989 soll als signifikantes Beispiel dienen:

**Beispiel**

Als der Tanker Exxon Valdez am besagten Tag auf ein Riff aufgelaufen ist, hat er binnen einiger Stunden über 10 Millionen Gallonen Öl verloren und die Küste auf einer Länge von über 1.200 Meilen verschmutzt. Die ganze Welt war entrüstet und für das Unternehmen Exxon begann ein wahrer Public Relations Albtraum. Für die Reinigung der Küste musste der Öl-Konzern schlappe 1,38 Milliarden US-Dollar bezahlen. Über 150 zivilrechtliche Klagen erreichten Exxon aufgrund der Katastrophe. Nachdem sich sämtliche Beteiligten zwei Jahre später auf einen vergleich geeinigt haben, stand fest, dass Exxon insgesamt 900 Millionen US-Dollar verteilt auf elf jährliche Raten Ausgleichszahlungen begleichen musste. Abgesehen von den diversen Entschädigungssummen, die Exxon begleichen musste, schlug vor allem der Reputationsverlust für das Unternehmen zu Buche. Auf dem Aktienmarkt spiegelte sich das ganze Ausmaß der finanziellen Katastrophe wieder. Ungefähr vierzehn Tage vor dem Unfall wurde der Wert der Exxon-Aktien mit 57,64 Milliarden US-Dollar beziffert. Nach der Katastrophe ist der wert auf 54,64 Milliarden US-Dollar gefallen. Investoren konnten einen Verlust des Reputationskapitals in Höhe von 3 Milliarden US-Dollar beobachten, was in etwa fünf Prozent des gesamten Marktwerts von Exxon zu diesem Zeitpunkt entsprochen hat (siehe Abbildung 27).

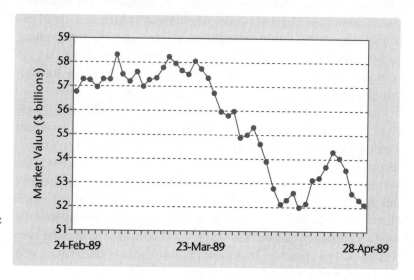

Abbildung 27: **Reputationsverlust von Exxon über einen Zeitraum von 28 Tagen**

*Table 4-3* ESTIMATED VALUE OF SELECTED COMPANIES' REPUTATIONAL CAPITAL IN MID-1993 ($ BILLIONS)

| Company | Subjective Estimate[a] | Measured by Short-Term Reputational Capital[b] |
|---|---|---|
| Philip Morris | 42.8 | 45.5 |
| Coca-Cola | 33.5 | 51.7 |
| Intel | 17.8 | 18.7 |
| Kollogg | 9.7 | 13.9 |
| Anheuser-Busch | 8.2 | 10.2 |
| PepsiCo | 7.5 | 25.0 |
| Gilette | 7.2 | 11.7 |
| Eastman Kodak | 4.1 | 10.7 |
| Goodyear | 2.0 | 2.2 |

[a] Adapted from Alexandra Ournsoff, "Brands: How We Valued Them," *Fainacial World,* September 1, 1993.
[b] Calculated as excess of market value over book value on March 3, 1993.

Abbildung 28: Reputationskapital namhafter Unternehmen

Die obenstehende Tabelle (Abbildung 28) zeigt die Einschätzungen der „Financial World" bezüglich des Reputationskapitals unterschiedlicher US-Firmen.

Kurzfristiges Reputationskapital wird auf der Basis des aktuellen Marktwerts ermittelt, während langfristiges Reputationskapital in Bezug auf den durchschnittlichen Markt- und Buchwert eines Unternehmens über viele Jahre hinweg, ermittelt wird.

Egal mit welcher Methode der finanzielle Wert der Unternehmensreputation bestimmt wird, es steht wohl außer Frage, dass Reputation mit dem Unternehmenswert korreliert. Eine entsprechende Reputation am Markt verleiht den Produkten, den Lizenzen, den Services oder den Aktien eines Unternehmens einen höheren Wert. „Mit der Verwendung der Kapital-Metapher soll aber nicht suggeriert werden, dass damit eine produktionstheoretische Interpretation des sozialen Kapitals möglich wird" *(Herrmann-Pillath u. Jens J. Lies in Wittener Diskussionspapiere, heft 84, 2001).*

*Reputation steht in einem Verhältnis zum Unternehmenswert*

In naher Zukunft werden Wirtschaftsprüfer, Unternehmensberater, Kommunikationen und die Unternehmen selbst näher zusammenrücken, um eine standardisierte Annäherung im Kontext der Skalierbarkeit von Reputation zu erreichen. Dabei muss nach empirischen Möglichkeiten gesucht werden, die sowohl die unterschiedlichen Stakeholdergruppen als auch die variierenden Einflussgrößen berücksichtigen. In folgenden Kapiteln werden wir Methoden und Instrumente vorstellen, welche den Grad an Reputation in Bezug auf die Anspruchsgruppen verdeutlichen. Die gewonnenen Daten und Informationen stellen ein wertvolles Werkzeug dar, wenn sie in strategische Managementprozesse eingebettet werden.

# 4.
# Gestaltungsansätze: Wie kann ein Unternehmen seine Reputation managen?

> *Der Worte sind genug gewechselt, lasst mich auch endlich Taten sehen.*   Goethe

Wie in jedem Managementprozess, gilt es auch im Kontext des Reputationsmanagements zunächst einen Status-quo innerhalb einer Organisation zu ermitteln. Danach folgt unter Einbezug der bedarfsgerechter und vordefinierter Kriterien die Ermittlung entsprechender Informationen und Daten. Die Daten werden genau analysiert und interpretiert. In Form eines Reports kann dem Unternehmen ein Dossier an die Hand gelegt werden, das Lösungsvorschläge bietet, die auf den erhobenen Informationen fußen (siehe Abbildung 29).

Dieser Evaluierungs- und Kontrollprozess ist stetig wiederkehrend. Kampagnen- oder Issues-bezogen können Untersuchungen angestellt werden, die eine Neuausrichtung bestimmter Unternehmensprozesse oder -strategien nach sich ziehen.

Von einem integrierten Managementprozess sprechen wir erst, wenn die Übergänge zwischen den einzelnen Maßnahmen fließend, die ermittelten Daten empirischer Natur sind und ferner in ein strategisches Managementmodell eingebettet werden. Speziell der letzte Punkt stellt derzeit noch eine große Hürde dar. Die Ermittlung der Daten und Information ist nur bedingt von Nutzen. Integriert in einen Report, der von adäquaten Experten angefertigt wurde, sind die Informationen von einem ungleich höheren Wert. Die Kür in diesem Kontext ist jedoch, plausible, unverzerrte und objektive Managementmaßnahmen aufzuzeigen, die auf einer standardisierten Vorgehensweise beruhen (siehe Abbildung 30). Gerade unter dem Aspekt eines effizienten Benchmarks wird es in der Zu-

*Daten allein reichen noch nicht aus*

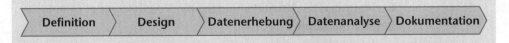

Abbildung 29: Die fünf „D-Phasen" in der Marktforschung

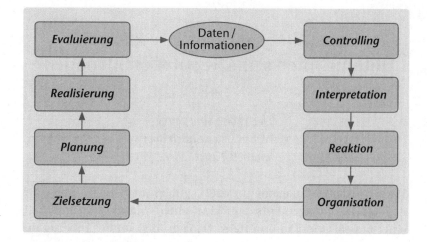

Abbildung 30:
**Management-prozess**

*Aber: Informationen bilden das Fundament des Managementprozesses*

kunft wichtig sein, dass die Evaluierung der Daten und Informationen auf einem standardisierten Modell beruhen.

Um relevante Ziele für ein Reputationsmanagement formulieren zu können, sollte man also verlässliche Informationen darüber haben, was eine erfolgstimulierende Unternehmensreputation überhaupt ausmacht, welche Wahrnehmungen und Erwartungen alle relevanten Stakeholder hinsichtlich der Ausprägung der entsprechenden Reputationsmerkmale generell und speziell mit Bezug auf unser Unternehmen haben und wie andere Unternehmen in dieser Hinsicht im Vergleich zu unserem Unternehmen dastehen. Doch bevor ich auf unterschiedliche Evaluierungsinstrumente eingehe, die diesem Anspruch gerecht werden, muss genau definiert werden, welche Felder genau gemanagt werden müssen. Ferner ist von Interesse mit welchen direkten und indirekten Instrumenten die Wahrnehmung in diesen spezifischen Feldern beeinflusst, sprich erfolgreich verwaltet werden kann.

Reputationsmanagement ist im weiteren Sinn das Management von Relationships mit den unterschiedlichen Anspruchsgruppen.. Da, wie bereits mehrfach abgehandelt, die harten Fakten bei der Betrachtung fehlen, ist davon auszugehen, dass die positive Beeinflussung der unterschiedlichen Wahrnehmungsfelder der Anspruchsgruppen einen entsprechenden Effekt auf den Reputationsgrad haben. Wir nehmen also an, dass das Management bestimmter Beziehungen zu den Stakeholdern die Voraussetzung für ein hohes Reputationskapital darstellt.

◆ **Ich muss mich auf das Management folgender Beziehungen konzentrieren:**  [Kernsatz]

- Customer relations
- Investor relations
- Employee relations
- Community relations
- Government relations

**Customer Relations**

Vor allem in Zeiten zunehmender Abnahme der Kundenloyalität stellt das Customer Relationship Management einen wichtigen Erfolgsfaktor dar. Vor allem für nicht-produzierende Unternehmen, die in einem hohen Maß von der Gunst ihrer Klienten abhängig sind. Aber auch Markenhersteller müssen aufgrund der verschärften Wettbewerbssituation den Kunden in den Fokus ihrer Planungen stellen.

**Folgende Werkzeuge finden im Management der Kundenbeziehung Anwendung:**

*Instrumente zum Management von Kundenbeziehungen*

- Werbung
- Kommunikation (PR, Direkt-Mailings etc.)
- Service und Support (Call-Center, Hotlines etc.)
- CRM-Software
- Garantien auf Produkte
- Marken-Etablierung

Primäres Ziel muss sie Erfüllung der Kunden hinsichtlich Qualität, Funktionalität, Preis und Service sein. Werden diese Kriterien erfolgreich umgesetzt ist von einer steigenden Nachfrage auszugehen. Ein effizientes Customer Relationship Management hat stets einen positiven Effekt auf die Reputation und damit den Unternehmenswert insgesamt. Wer die Gewohnheiten seiner Kunden analysiert und Informationen über das Kaufverhalten erhält, kann Stellschrauben betätigen, um beispielsweise bestimmten Nachfrageentwicklungen vorzubeugen oder ganz einfach die Kundenfrequenz zu erhöhen. Wer also seine Kunden „im Griff hat", wird auch positiv am Markt wahrgenommen und verfügt über eine gefestigte Reputation.

### Investor Relations

Die klassische Aufgabe der Disziplin Investor Relations (IR) ist die Aufrechterhaltung und Festigung des Vertrauens der Investoren in die Leistungsfähigkeit und das operative Geschäft eines Unternehmens. In diesem Zusammenhang ist vor allem der permanente und offene Austausch mit den Protagonisten entscheidend. Analysten und Aktionäre müssen zeitgerecht mit Informationen, Zahlen und Daten versorget werden. Neben eigens eingerichteten Inhouse-Abteilungen, werden auch IR-Sektionen auf den Unternehmenswebsites eingerichtet, damit die Investoren über alle Vorgänge und Neuigkeiten rund um eine Organisation stets bestens informiert sind.

*Instrumente für das Management von IR*

**Folgende Werkzeuge sind Teil eines IR-Programms:**

- Einbindung in sämtliche Kommunikationsprozesse externer Natur
- IR-Sektion auf der Homepage
- Jahreshauptversammlung
- Dialog mit Analysten und Experten
- PR
- Krisenmanagement

Selbstverständlich sind die harten Faktoren für die Anleger und Investoren das ausschlaggebende Kriterium. Neben aktuell positiven Zahlen sollten vor allem Wachstumsperspektiven und langfristige Rentabilitätschancen nachvollziehbar sein. Mit seinen Investoren sollte ein Unternehmen tunlichst loyal und integer umgehen. Der Schlüssel zum Erfolg ist ein integriertes Kommunikationsmanagement – nur so wird das Vertrauen der Investoren erhalten und gestärkt. Wer seine Anteilseigner mit falschen Informationen versorgt, wird ein blaues Wunder erleben.

### Employee Relations

Das Verhältnis mit den Mitarbeitern beginnt quasi schon mit dem ersten Eindruck, der im Vorstellungsgespräch vermittelt wird. Für viele Unternehmen sind Mitarbeiter das höchste Gut und die wertvollste Ressource. Nicht umsonst äußern sich Manager oft, dass die Mitarbeiter oder das Team das Kapital ihrer Organisation seien. Eine offene Kommunikation im Innenverhältnis hat meist einen positiven und spürbaren Effekt auf Mitarbeiterverhältnisse und Arbeitsatmosphäre.

**Werkzeuge, um Employee Relations zu managen:**

- Anreize bei Vergütungsmodellen
- Interne Kommunikation
- Bonusprogramme
- Krisenmanagement
- Mehrwerte schaffen
- PR

*Instrumente für das Management der Mitarbeiterbeziehungen*

Auch hier gilt, dass harte Faktoren das wichtigste Kriterium darstellen. Wenn ich zufrieden mit meiner Vergütung bin, habe ich generell schon eine höhere Motivation – was sich auch in meiner Arbeitsleistung widerspiegeln sollte. Mitarbeiterprogramme, Weiterbildungsmaßnahmen, Personalgespräche oder interne Kommunikationsaktivitäten unterstützen mein Vertrauen in meinen Arbeitgeber. Idealerweise entsteht sogar ein gewisser Stolz, für ein bestimmtes Unternehmen tätig sein zu dürfen.

Eine entsprechend hohe Motivation und damit auch eine positive Wahrnehmung der Mitarbeiter gegenüber eines Unternehmens schafft in der Regel auch mehr Produktivität.

## Community Relations

Über dieses Thema habe ich schon ausführlich an anderer Stelle gesprochen. Unternehmen und Personen könne durch ihre Stellung im sozialen und gemeinschaftlichen Umfeld ungeheuer viel Pluspunkte sammeln. Egal ob auf regionaler oder überregionaler Ebene, eine Organisation, die sich auch für sozial und gesellschaftspolitische Aspekte einsetzt, wird von den Stakeholdern auch positiv wahrgenommen.

**Werkzeuge im Kontext der Community Relations:**

- Corporate Citizenship
- Wohltätigkeitsaktionen
- Demonstration von sozialer Verantwortung
- PR

*Instrumente für das Management mit der Öffentlichkeit*

## Government Relations

Grundsätzlich scheint dieses Thema bei erster Betrachtung eher für Großkonzerne von Relevanz zu sein. Aber gerade im kommunalpolitischen Kontext ist Lobbyismus und Networking kein zu unterschätzender Faktor. Beeinflusst man spezifische Protagonisten, kann man nicht selten viele Fürsprecher für sich gewinnen – und das mit einem vergleichsweise geringen Aufwand. Eine positive Reputation bei den Stakeholdern kann über das Management der Government Relations relativ effizient gestaltet werden.

*Instrumente zum Management mit öffentlichen Institutionen*

**Werkzeuge für die Verwaltung von Government Relations:**

- Lobbyismus
- Public Affairs
- Kandidaten-Support
- PR

Das Management der Government Relations bereitet jedoch manchen Unternehmen viel Kopfzerbrechen. Warum? Gerade in Bereichen wie Lobbyismus oder Public Affairs ist man schnell an einem Punkt angelangt, der nach einer klaren Positionierung verlangt. Speziell in politisch unsicheren Situationen ist eine klare Positionierung jedoch nicht immer dienlich.

### Die wichtige Rolle der Kommunikation

*Ruhm und du, geflügelt Wort, ich entsag'*
*euch beiden. Wenn ihr selbst mich ersuchen wollt,*
*will ich euch nicht meiden.*

Johannes Peter Uz

Bei genauerer Betrachtung stellen wir fest, dass in fast jedem Feld Public Relations eine wichtige Rolle spielt. In der Tat gilt PR als ein effizientes Werkzeug im Sinne des Kommunikationsmanagements. Vom Preis-/Leistungs-Verhältnis scheint PR als Marketing-Werkzeug äußerst interessant zu sein. Ergo muss es doch für jeden Entscheider ganz einfach sein, zumindest einige wesentlichen Kriterien in Sachen Reputationsmanagement mittels PR zu lösen. Doch wie so oft in Fragen des Marketing und der Managementprozesse wäre dies Annahme und Reduzierung sehr fatal. Freilich können

Gestaltungsansätze: Wie kann ein Unternehmen seine Reputation managen?

viele Relationships mit unterschiedlichen Stakeholdergruppen gemanagt werden, die Einsatzfelder der PR ist aber schlichtweg limitiert – und das nicht erst beim Reputations- sondern bereits beim Kommunikationsmanagement.

Den Einfluss von Kommunikation auf den Erfolg in der Wahrnehmung zeigen die nachfolgenden Zahlen.

|  | High Reputation | Low Reputation |
|---|---|---|
| Media Relations | $ 1,096 | $ 723 |
| Executive Outreach | $ 227 | $ 165 |
| Investor Relations | $ 635 | $ 367 |
| Annual & Qtr Reports | $ 920 | $ 357 |
| Industry Relations | $ 1,247 | $ 329 |
| Employee Comm. | $ 1,621 | $ 545 |
| Department Mgmt. | $ 256 | $ 312 |
| Total | $ 6,002 | $ 2,792 |
| Agency Support | $ 2,534 | $ 1,072 |
| Percent of total | 42 % | 38 % |

Quelle: Council of Public Relations Firms, 2000

◆ **Unternehmen, die über eine gefestigte Reputation verfügen, investieren offensichtlich auch mehr Geld in ihre Kommunikationsaktivitäten.**

*Kernsatz*

Ein zentrales Problem, die alle Theoretiker und Praktiker im Kontext des Reputationsmanagement schon lange beschäftigt, ist die Frage der Zuständigkeiten innerhalb eines Unternehmens. Wer sollte dafür die Verantwortung tragen? Welche Abteilung kümmert sich um die Implementierung und das Management der einzelnen Felder? Wer bringt die Ergebnisse in einen kausalen Zusammenhang?

Viele Unternehmen verfügen heute über eigene PR- und/oder Kommunikationsabteilungen oder greifen auf Partner zurück. Großkonzerne beschäftigen große Research – und Marktforschungsabteilungen, welche die Mitbewerber beobachten, nach den neuesten Trends forschen oder Kundenbedürfnisse einholen. Wo ist aber Reputationsmanagement nun am besten anzusiedeln?

Das Reputation Institute bietet eine Lösung an, welche die Installierung einer neuer Position im Unternehmen vor (siehe Abbildung 31). Der Chief Reputation Officer (CRO) sollte direkt dem Vorstand oder der Geschäftsführung unterstellt sein. Seine wesent-

*Wo ist Reputationsmanagement unternehmensintern anzusiedeln?*

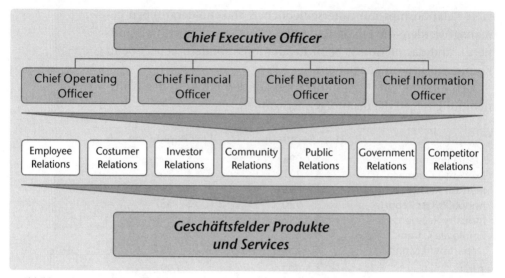

Abbildung 31:
Der Chief Reputation Officer in der Unternehmensorganisation

liche Aufgabe wäre der Aufbau, der Erhalt und der Ausbau von Reputationskapital. Er würde mit den anderen wichtigen Abteilungen im Unternehmen, Marketing & Vertrieb, Finance, Information und Operation in ständigem Diskurs stehen.

Ein CRO (Chief Reputation Officer) wäre also damit vertraut, die Wahrnehmung eines Unternehmens bei den Stakeholdern so effizient wie möglich zu verwalten. Wie bereits erwähnt, konzentrieren sich die Aktivitäten auf den Aufbau, den Erhalt und die Verteidigung der Reputation nach außen und nach innen. Im Englischen spricht man von Building Reputation, Sustaining Reputation und Defending Reputation. Innerhalb dieser drei unterschiedlichen Managementprozesse gilt es unterschiedliche Aufgaben zu lösen – alle drei Themenkomplexe konfrontieren den Entscheider mit differenten Bedürfnissen und entsprechend variablen Lösungswegen.

### Reputation aufbauen

Schopenhauer

*Ruhm muss erworben werden.*

Der Aufbau der Unternehmensreputation scheint zunächst ein äußerst schwieriges und komplexes Unterfangen. Organisationen, die einen neuen Markt erst betreten oder neu gegründet wurden haben es in diesem Zusammenhang besonders schwer. Schließlich verfügen diese Firmen weder über entsprechende Referenzen noch über ein gewisses „Standing" am Markt. Oft schaffen breitangelegte, respektive zielgruppenspezifische Kommunikationskampagnen Abhilfe. Grundsätzlich müssen sich die Gründer zunächst über die Identität, die Ziele, die Kernbotschaften sowie die Markteintrittsstrategien Klarheit verschaffen.

**Um eine gewünschte Reputation aufzubauen, müssen Entscheider unter anderem folgende Fragen beantworten:**

- Welche Art Unternehmen wollen wir sein?
- Welche Wesenszüge definieren uns?
- Wie korrespondieren unsere Kernbotschaften mit der Wahrnehmung unserer Zielgruppe?
- Wie glaubwürdig reflektieren wir uns bei der Zielgruppe?
- Wie können wir die Relations zu unserer Zielgruppe verbessern?

### Reputation erhalten

Wenn es gelungen ist, einen bestimmten Reputationsgrad zu etablieren, ist der Erhalt, beziehungsweise Ausbau desselben eine weitere Herausforderung für einen Unternehmer. Um den Status entsprechend zu kontrollieren, müssen Instrumente zur Messung und Analyse der Reputation eingesetzt werden. Vor allem folgende Maßnahmen sind entscheidend:

- Monitoring Programme für den internen Bereich
- Externe Programme für das Management der Relationships mit den Stakeholdern

Programme zur Beobachtung der Beziehungen des Innenverhältnisses konzentrieren sich vor allem auf zwei Aspekte: Produktqualität und organisatorische Integrität. Wer die Produktqualität schon im Herstellungsprozess ernst nimmt, demonstriert seinen Mitarbeitern den Willen, höchsten Ansprüchen gerecht werden zu wollen und alles daran zu setzen, den Kunden stets die bestmöglichen Produkte oder Services zu liefern. Erst wer entsprechende Qualität bietet, kann auch die Garantieversprechungen glaubwürdig kommunizieren. Um jedoch diesem Anspruch gerecht zu werden, sind gutausgebildete Mitarbeiter nötig, sich gegenüber dem Unternehmen integer und loyal verhalten. Zur Festigung der Beziehungen mit den exter-

*Qualität darf nicht abreißen*

nen Anspruchsgruppen stehen unterschiedliche Maßnahmen zur Verfügung. Die Investor Relations Kampagnen sollen eine offenen Kommunikation mit den Investoren zusichern, um sich die Gunst dieser Stakeholdergruppe zu erhalten. Programme für die Umwelt oder die Region sollen die soziale Kompetenz unterstreichen, um sowohl Vergünstigungen mit einem direkten monetären Nutzen zu erhalten als auch das Ansehen in der Öffentlichkeit zu stärken.

*Abstimmung der Managementprozesse*

Die große Herausforderungen besteht darin, die Kriterien der internen und externen Managementprozesse möglichst effizient zu verwalten und somit in Konsequenz die Reputation eines Unternehmens sukzessive auszubauen.

**Um eine aufgebaute Reputation zu erhalten, muss ich mir unter anderem folgende Fragen beantworten:**

- Was tun wir, um die Beziehungen mit unseren Stakeholdern zu erhalten?
- Wie effizient überprüfen wir den Kommunikationsfluss?
- Wie reagieren die Anspruchsgruppen auf unsere Kommunikationsmaßnahmen?
- Können wir unsere Reputation erhöhen, indem wir in sich schlüssigere Bilder nach außen tragen?
- Verstehen unsere Mitarbeiter den Wert von Reputation?
- Wie nehmen die externen Anspruchsgruppen unseren Reputationsgrad wahr?
- Wie viel Geld sollen wir in soziale Engagements investieren?
- Können wir unsere Public Relations – Maßnahmen verbessern?
- Wie können wir in namhaften Rankings oder Awards positioniert werden?
- Wie können wir die IR-Kommunikation effizienter gestalten?

### Reputation verteidigen

Der eigentliche Wert einer Unternehmensreputation wird oftmals erst in Krisensituationen offensichtlich. In kritischen Szenarien kann durch falsche Entscheidungen in sekundenschnelle das jahrelange Investment in den eigenen Ruf am Markt zerplatzen wie eine Seifenblase. Nicht selten kommt es dann zu signifikanten Kurseinbrüchen und der Unternehmer bekommt einen Spiegel vorgehalten, durch den er beobachten kann, wie schnell sich die Reputation seiner Organisation in Wohlgefallen auflöst.

Die gewaltigen Folgen verdeutlichen dann zumeist, welchen monetären Wert die Reputation eines Unternehmens hatte – übrigens auch eine Art den finanziellen Wert der Größe zu bestimmen, wenn auch keine erstrebenswerte. Was die Verteidigung der Reputation angeht, so verhält es sich ganz ähnlich wie mit anderen Feldern des Managements: Ein sinnvoller Grad an Offensive ist der effiziente Weg, Krisen präventiv vorzubeugen. Obwohl der Schaden, den eine Krise anrichten kann mittlerweile hinlänglich bekannt ist, verfügen bis dato leider immer noch die wenigsten Unternehmen über einen Krisenplan – von einem präventiven Krisenmanagement ganz zu schweigen.

Das trifft selbstverständlich für Konzerne, die in per se kritischen Industrien tätig sind (Fluggesellschaften, Schiffsredereien etc.) weniger zu. Aber auch bei diesen Unternehmen hat sich erst in den letzten Jahren gezeigt, wie ernst mit Krisen umgegangen wird und es scheint als haben die Firmen mittlerweile erkannt, wie sehr die Reputation und damit der gesamte Geschäftserfolg gefährdet sein kann, wenn derartige Situationen nicht professionell und zeitkritisch gemeistert werden. Eine Krise birgt nämlich immer auch eine Chance in sich. Den Beweis dieser Behauptung treten wir noch in einem späteren Kapitel an.

*Krisen können Reputation negativ beeinflussen*

**Um eine Unternehmensreputation zu verteidigen, muss ich mir unter anderem folgende Fragen beantworten:**

- Was kann in unserem Geschäft alles schief gehen?
- Wie effizient können aufkommende Skandale, Gerüchte oder Krisen von uns antizipiert werden?
- Sind wir auf solche Situationen gut vorbereitet?
- Welche Frühwarn- und Überwachungssysteme haben wir installiert?
- Was tun wir, um die Integrität unserer Aktivitäten generell zu schützen?

Wann ich also die sogenannte Audit-Phase abgeschlossen habe und mir darüber bewusst geworden bin, wo die einzelnen Maßnahmen ansetzen und greifen müssen, setzt das praktische Management ein. Hierbei werden sowohl der Ist-Zustand nochmals genau unter die Lupe genommen als auch der Übergang zum Soll-Zustand definiert. Ist- und Soll-Zustand werden dementsprechend analysiert und vor-

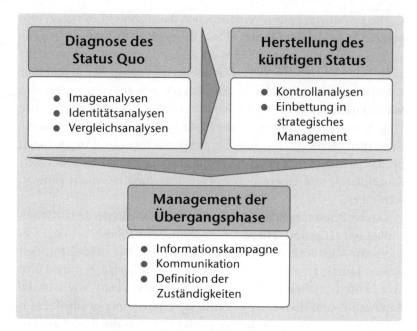

Abbildung 32:
Die drei Phasen des Reputationsmanagement

gegeben, während der Übergangsprozess die Phase darstellt, in der ich tatsächlich aktiv ins Geschehen eingreifen sollte (siehe Abbildung 32).

Die obenstehende Abbildung verdeutlicht diesen Zusammenhang.

*Unterschiedliche Verfahren zur Ermittlung des Ist-Zustands*

Bei der Ermittlung des Ist-Zustands können unterschiedliche Instrumente eingesetzt werden. Identitätsanalysen dienen zur Überprüfung aller Kommunikationsinstrumente. Hier werden Marketingmaßnahmen (Anzeigen, Broschüren etc.), die für externe Zwecke genutzt werden überprüft und analysiert. Imageanalysen geben ein Bild darüber, wie gut oder schlecht die Identität eines Unternehmens kommuniziert wurde und welche Wahrnehmungen daraus bei den einzelnen Stakeholdern entstanden sind. Sogenannte Coherence-Analysen beschäftigen sich damit, welche Zusammenhänge zwischen den Images existieren. Wo überschneiden sich die Images und wo divergieren sie? Wie gut oder schlecht spiegeln sich die Identitäten in den einzelnen Wahrnehmungen in der Öffentlichkeit wieder?

In der zweiten Phase des Managementprozesses werden Trends sowie die künftige Positionierung in Bezug auf den Wettbewerb analysiert.

- Wie ist es eigentlich um die Reputation anderer Unternehmen bestellt? Wie kommen diese zustande?
- Welche Strategien verfolgt der Mitbewerb?
- Welche Instrumente zum Erhalt der Reputation setzen diese Unternehmen ein?

Mit Hilfe von Vorausschauen, Trendanalysen oder Wettbewerbsbetrachtungen kann die künftige Positionierung einer Organisation geschärft werden.

Entscheidend ist freilich die permanente Überprüfung im Zuge der Übergangsphase von Ist- zum Soll-Zustand. Es empfiehlt sich, eine Task-Force innerhalb der Organisation einzurichten, die zunächst eine Informationskampagne für die Mitarbeiter entwickeln sollte. Die aufmerksame Überwachung der Marktveränderungen und die permanente Wettbewerbsanalyse soll eine zielgruppengerechte und wirtschaftlich interessante Positionierung einer Organisation sicherstellen. Diese Aktivitäten beleuchten darüber hinaus die Reputation und ermöglichen auf diese Art und Weise eine schnelle Reaktion in Bezug auf Veränderungen oder aufkommende Krisensituationen.

## 4.1
## Information als Grundlage

Kommunikationsmaßnahmen gelten in der Wertschöpfungskette des Reputationsmanagement als effizientestes, aktivstes und nachhaltigstes Mittel – das habe ich bereits an anderen Stellen mehrfach erwähnt In den letzten Jahren haben Entscheider den Wert der Unternehmenskommunikation immer stärker bewertet, jedoch fehlt es an der Verlässlichkeit – Ergebnisse sind nur schwer in Relation zu den Investments zu bringen. Stichwort: ROI (Return on Investment)-Problematik. Wenn Kommunikationsaktivitäten effizient bewertet werden können, sind auch Rückschlüsse und kausale Zusammenhänge in Bezug auf die Reputation eines Unternehmens möglich. So lange die Messbarkeit von Kommunikationsmaßnahmen ausbleibt, ist auch keine sinnvolle und langfristige Integration in strategische Planungsprozesse möglich. Eine Annäherung an dieses Problem stellt die analytische Auswertung dar, die sich aus der Messung von Kommunikationsmaßnahmen und der Analyse

*Kommunikation als zentrales Instrument des Reputationsmanagements*

zusammensetzt. Sie gilt im Zusammenhang der Reputationsanalyse als probatestes Mittel. Je nach Bedarf und Problemstellung müssen Entscheider entweder auf Medienanalysen, Marktforschungen oder eine Mixtur aus beiden zurückgreifen.

**Kernsatz**

♦ **Eine analytische Auswertung ermöglicht:**

- eine sorgfältig konstruierte Methode der Messbarkeit, die Vergleiche und Rückschlüsse erlaubt
- die Ermittlung von Trends und versteckten Informationen in einer großen Datenmenge.

*Leistungen müssen evaluiert werden*

Analytische Auswertungen stellen eine fundamentale Komponente in einer integrierten Kommunikation dar – sie ermöglicht eine einheitliche Annäherung für die Planung und Ausführung sämtlicher Marketingaktivitäten, wie zum Beispiel Brand-Marketing, Direktmarketing, Live-Events, Public Relations oder Corporate Communications. Erst durch eine analytische Auswertung kann der Return on Investment (ROI) für die monetären Aufwendungen für Kommunikationsmaßnahen ermittelt werden. Mit ihr wird es möglich, den Grad der Reputation eines Unternehmens zu eruieren. Es ist an dieser Stelle jedoch essentiell, zwischen zwei Aspekten im Kontext der Evaluation von Kommunikationsmaßnahmen zu unterscheiden: *Resonanz* (Output) und *Resultat* (Outcome).

Die Resonanz ermittelt ausschließlich quantitative und direkt ermittelte Ergebnisse. Wie oft wurde ein Unternehmen beispielsweise in den Medien erwähnt? Wie hoch war die Beteiligung auf Firmenveranstaltungen oder wie reagieren die Stakeholder direkt auf Befragungen?

Bei den erhaltenen Resultaten handelt es sich um die Konsequenzen, die Kommunikationsmaßnahmen hervorgerufen haben. Das können Umsatzzahlen, die Reaktionen auf Direct-Mailings, die Haltung und veränderten Verhalten hinsichtlich des Kaufverhaltens sein. Erst wenn es gelingt Instrumente einzusetzen, die eine empirische Aussage über beide Aspekte liefern können, kann auch der Reputationsgrad eines Unternehmens eruiert werden. Denn nur die Relation zwischen Ergebnis oder Resonanz und Resultat erlauben signifikante Rückschlüsse auf die Kausalitäten der Unternehmensreputation.

In der Regel ist die Messung der Resonanz erheblich kostengünstiger als die Evaluierung und Analyse der Resultate. Oft gehen Marktforschungsaktivitäten, die zeit- und kostenintensiv sind mit der Ermittlung der Relation von Ergebnis und Konsequenz einher. Speziell in Großkonzernen gibt es jedoch bereits Marktforschungsabteilungen – was fehlt ist die sinnvolle und effiziente Einbindung der ermittelten Ergebnisse in das Kommunikationsmanagement. Haltungs- und Wahrnehmungsumfragen können genauso wie Umsatzzahlenentwicklungen in Korrelation zwischen Unternehmenskommunikation und beispielsweise Vertriebskampagnen gesetzt werden.

Die Basis für sämtliche Managementprozesse stellt die Ermittlung von Daten und möglichst umfassenden Informationen dar. Ohne eine profunde Evaluierung der zu untersuchenden Sachverhalte lassen sich weder der Status eines Unternehmens feststellen noch sind irgendwelche Vergleiche möglich, die einen Aufschluss über den Reputationsgrad eines Unternehmens erlauben. Nach einem Audit, wo sowohl die einzelnen Ziele bestimmt werden, die verfolgt werden sollen, als auch die Umsetzung entsprechend konzeptioniert wird, steht also die Evaluierung auf der Tagesordnung. In dieser Phase werden alle wichtigen Erkenntnisse zusammengetragen, die mir für die weiteren Managementprozesse und aktiven Durchführungsmaßnahmen als Fundament dienen. Im Kontext des Reputationsmanagements bedienen sich die Fachleute vor allem der Marktforschung und der Medienanalyse.

*Ermittlung des Reputationsgrads über diverse Instrumente*

## 4.2
## Medienanalyse

„Den Blickwinkel eines potentiellen Rezipienten stimulierend und auf dieser Grundlage zusammenfassend, lässt sich der Gebrauchswert oder der Nutzen oder die Leistung von kommunikations- und Mediensystemen als zunehmende Erweiterung des Gesichtskreises beschreiben und würdigen." *(Baerns, 1995)*

Die moderne Medienanalyse ist ein computergestütztes, empirisches Instrument zur Beobachtung der veröffentlichten Meinung in Print-, Online- und Audio-visuellen Medien. Es werden in diesem Prozess die Meinungstendenzen und ihre Ursache und ihre Entwicklung kontinuierlich sowohl quantitativ als auch qualitativ

*Verbraucher organisieren sich*

verfolgt. Innerhalb der Reputationsanalyse bedienen wir uns der Medienresonanz als signifikantes Spiegelbild der Meinungen und Sichtweisen der meisten Anspruchsgruppen einer Organisation. Im Zuge der technologischen Entwicklung ist es heutzutage möglich in den Medien auch den Konsumenten wiederzufinden und zu beobachten. In diversen Newsgroups, Message Boards, Chatrooms und Bewertungsforen kann sich der Verbraucher direkt über Unternehmen oder Produkte äußern oder sich mit anderen Interessenten in Echtzeit austauschen. Somit dient die Medienanalyse nicht mehr nur als simples Tracking von Informationen, die durch Dritte aufbereitet werden, sondern ist vielmehr in der Lage, Meinungstendenzen von Kunden zu filtern.

**Medienanalysen verfolgen unterschiedliche Untersuchungsziele:**

- Sie ermitteln die Häufigkeit, der Beiträge, der Nennungen, der Übernahme von Kernbotschaften im Zeitverlauf oder zu einem bestimmten Zeitpunkt, nach Medientypen und nach Handlungsspielräumen
- Sie filtern Meinungstendenzen, die sich in den zu untersuchenden Medien wiederspiegeln.
- Sie vergleichen Medienberichterstattung mit den Kommunikationsmaßnahmen. Sie erschließen alternative Informationsquellen, Akteure und Informanten. Sie betrachten die Relation selbstausgelöster und fremdausgelöster Berichterstattung als Indiz für die Steuerungsleistung der eigenen Kommunikationsaktivitäten.
- Die qualitative Detailanalyse bewertet die Befunde im jeweils konkretem situativen Kontext und führt sie als Grundlage rationaler Entscheidungen in den Kommunikationsprozess zurück.

Die klassische Form der Medienresonanzanalyse (siehe Abbildung 33) bedient sich also recht konservativer Mittel. Sogenannte „Clipping-Dienstleister" ermitteln die quantitative Präsenz eines Unternehmens in den Medien. Oft werden fließen auch noch andere Größen in die Betrachtung mit ein, wie zum Beispiel die Qualität oder die Platzierung eines Artikels mit ein. Viele Unternehmen setzen jedoch bis heute kaum oder gar keine Evaluierungsinstrumente im Zuge ihrer Kommunikationsmaßnahmen ein.

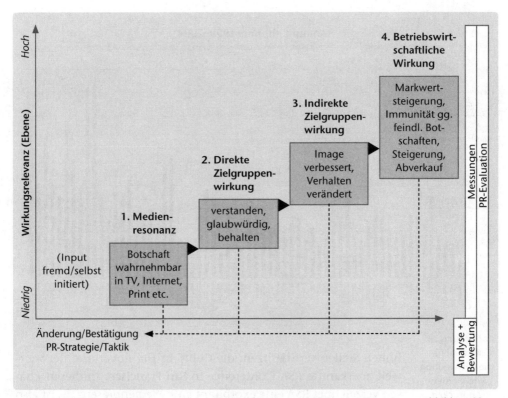

Abbildung 33:
Ebenen der Medienresonanzanalyse

Derzeit bedienen sich Kommunikationsexperten der Medienresonanzanalyse in Bezug auf drei unterschiedliche Ebenen:

- Messung des Outputs – hierbei wird ausschließlich die implementierten Ergebnisse dokumentiert, ohne dass Aussagen über Wirkungen, Erfolg oder kausale Zusammenhänge möglich sind.
- Ermittlung von Zwischenergebnissen – im Vordergrund steht die Observierung, bei welcher Zielgruppe welche Maßnahmen zu den gewünschten Erfolgen geführt haben.
- Messung zur Erreichung von Organisationszielen – haben die Kommunikationsmaßnahmen zur Erreichung gewisser Organisationszielen geführt?

Anhand derartiger Auswertungen lassen sich Rückschlüsse in Bezug auf die Kommunikationsaktivitäten eines Unternehmens ziehen. Die Grafik der RSA Security-Medienresonanz beispielsweise zeigt regelmäßige Ausschläge im ersten und dritten Quartal eines Jahres (siehe Abbildung 34). Das Ergebnis korreliert eindeutig mit zwei wichtigen Veranstaltungen, die für das Unternehmen einen

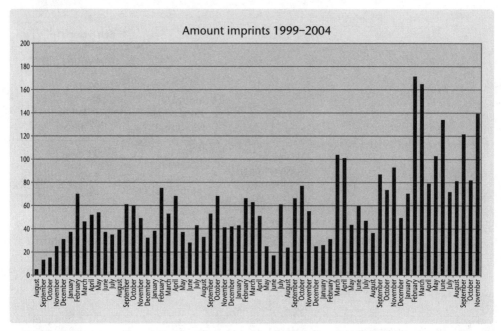

Abbildung 34:
**Beispiel für die Entwicklung von Medien-Abdrucken**
(RSA Security in den deutschen Medien zwischen August 1999 und November 2004)
Quelle: billo pr

hohen Stellenwert besitzen: die CeBIT in Hannover und der weltweit anerkannte RSA Conference in San Francisco. In diesen Phasen verzeichnet RSA eine exorbitant gute Medienpräsenz. Es ist also evident, dass sich die Abdruckrate nicht nur in gewisse Zyklen erhöht, sondern auch einzelne – medienrelevante – Ereignisse eine Erhöhung der Resonanz nach sich ziehen. Solche Ereignisse könnten Produkteinführungen, Messeauftritte, Personalentscheidungen oder auch Skandale und Krisen sein.

Je nach Ressourcen und administrativen, beziehungsweise operativen Möglichkeiten, gibt es drei mögliche Herangehensweisen im Zuge der Implementierung der Medienanalyse.

- eine unternehmensinterne Lösung (Mafo-/Kommunikationsabteilungen)
- Einbezug objektiver Dritter (Beratungshäuser oder Agenturen)
- Einsatz von Market Intelligence-Applikationen

Kleinere Unternehmen bedienen sich meist einer „Inhouse-Lösung". Unter Umständen stellt dies auch einen guten Lernprozess sowohl für die Mitarbeiter als auch für die Unternehmensführung dar. Beide bekommen ein gewisses Gespür für den Einsatz von Messinstrumenten und die Zusammenhänge einzelner Kommunikationsmaßnahmen und deren Auswirkungen auf die Unternehmensreputation.

Größeren Unternehmen fehlt es oft am entsprechenden Knowhow und entsprechendem Manpower. Viele Konzerne bedienen sich mittlerweile diverser Market-Intelligence-Softwarelösungen, die für die Ermittlung der Resonanz verantwortlich sind. Die eigentliche Herausforderung besteht jedoch nicht in der ausschließlichen Eruierung der Daten, sondern vielmehr in der profunden Investigation der Kausalitäten im Sinne des strategischen Managements.

Der Einsatz von Market-Intelligence-Lösungen erlaubt ein wesentlich differenzierteres Bild und ermöglicht umfassende Rückschlüsse auf die Unternehmensreputation.

▶ **Was ermöglicht eine leistungsstarke Medienanalyse?** *Leadership-Frage*

- den Zugang zu einem großen Volumen an Daten, die aus unterschiedlichen Medien ermittelt werden
- die Messung unterschiedlicher Marken, Produkte und Unternehmen in Relation zu ihrem direkten Mitbewerb
- identifiziert und observiert Analysten und Journalisten als mögliche Pro- oder Antagonisten
- erlaubt Aussagen über die Prominenz und Qualität einer Platzierung
- erlaubt diverse Analysen, die kunden- und bedarfsbezogen auf Basis der gewonnenen Daten ermittelt werden können
- Aussagen über die Wahrnehmung, Reputation, Mindshare und TOMAC (Top of Mind Awareness of Corporate Brands)

**Aequivalenzwertberechnungen und Media-Kennziffern**

Eine weitere Möglichkeit, den Erfolg der Öffentlichkeitsarbeit zu belegen, ist die Umrechnung der Größe der Presseausschnitte in Anzeigenpreise für vergleichbare bezahlte Aktivitäten. Diese sog. Äquivalenzanalyse wurde aus der Werbung in die Öffentlichkeitsarbeit übernommen, ist im Rahmen der PR-Erfolgskontrolle jedoch nicht unumstritten. Eine der renommiertesten PR-Agenturen in Deutschland, die Agentur Kothes und Klewes, hält dieses Vorgehen für äußerst fragwürdig. Unterschiedliche Kommunikationsmaßnahmen nur anhand eines einzelnen Indikators zu bewerten ist nicht sinnvoll.

*Äquivalentsanalyse nur bedingt aussagekräftig*

Außer den Kosten müssten auch andere Faktoren berücksichtigt werden, beispielsweise das Image der Publikationen, die Leserstruktur, das unterschiedliche Umfeld von redaktionellen Beiträgen und Anzeigen sowie die unterschiedlichen Wirkungsweisen der verschiedenen Kommunikationsinstrumente. Ein redaktioneller Beitrag hat in der Regel eine höhere Aufmerksamkeit und eine größere Glaubwürdigkeit als erkennbare Werbung. Dennoch ist die Nachfrage immer noch stark steigend, wobei die Äquivalenzanalyse hauptsächlich als Argumentationshilfe bei der Etatverteilung von Marketing-, Werbe- und PR-Budget dient.

Der Vollständigkeit halber seien hier noch die Mediakennziffern erwähnt, die Aufschluss darüber geben können, welche PR-Maßnahmen bei Vergleich mit Branchenwerten sinnvoll sind: a) *Share of PR-Spendings* vergleicht die PR-Budgets der Konkurrenz mit dem eigenen, b) *Share of Voice (SOV)* setzt die eigenen durch PR-Aktivitäten erreichten Kontakte in Beziehung zu den Gesamtkontakten der Branche sowie c) *Share of Mind (SOM)*, bei dem die durch die eigene PR-Kampagne erreichte Kontaktzahl pro Zielperson in Beziehung gesetzt wird zu den insgesamt erreichten Kontaktzahlen pro Zielperson in der Branche. Problematisch gestaltet sich dabei die Ermittlung der Konkurrenzdaten.

### Internet-Monitoring

*Internet ermöglicht Echtzeitkommunikation*

Innerhalb weniger Jahre hat sich das Internet zu einem wertvollen und unentbehrlichen Marketing-Instrument entwickelt. Erstmals gibt es eine Kommunikations-Plattform, die in Echtzeit Informationen in alle Welt streuen kann. Zur gleichen Zeit wurde das WWW jedoch auch das bevorzugte Medium für verärgerte Konsumenten, geschädigte Mitarbeiter oder andere Aktivisten, die Unternehmen und deren Produkte öffentlich anprangern. Diese Kritikwellen beeinflussen das Kaufverhalten von Tausenden Verbrauchern und haben nicht unerhebliche Konsequenzen für das Image und die Reputation eines Unternehmens. Durch die schnelle Verbreitung in Echtzeit, werden außerdem auch zahlreiche Gerüchte im Internet verbreitet.

Die Auswirkungen spüren die Hersteller meist an Umsatzeinbußen oder einen Einbruch am Aktienmarkt. Kein Unternehmen ist gegen diese Art von Schädigung immun. Es drängt sich also die Frage auf, wie sich die Entscheidungsträger überhaupt dagegen wappnen können. Eine Kontrolle über Image und Reputation im Internet ist im E-Zeitalter unerlässlich. Nicht nur um Schaden abzuwenden, sondern auch als Informationsquelle über den Mitbewerb, greifen immer mehr Unternehmen auf Überwachungs-Tools zurück, welche die Präsenz im Internet messen und analysieren. Diese wertvollen Informationen können zur Grundlage für strategische und kritische Unternehmensentscheidungen herangezogen werden.

Das Streuen negativer Meinungen und Äußerungen kann also sowohl das Kaufverhalten als auch die Grundhaltung zu einem bestimmten Produkt oder Hersteller beeinflussen. Mit der steigenden Zahl an Websites, Diskussionsforen und Newsgroups, erreichen diese Botschaften eine immer breitere Zielgruppe und haben nachhaltige Auswirkungen auf den Ruf eines Unternehmens. Das Internet hat alle bekannten Kommunikationskanäle auf einer großen Plattform vereint: TV-, Hörfunk-, Print- und natürlich die Online-Medien selbst. Die Internet-Publikationen nehmen ohnehin einen besonderen Status ein, denn sie können Informationen in Echtzeit verarbeiten. Die Unternehmen müssen also nach Möglichkeiten und Wegen Ausschau halten, die über das Netz verstreuten Informationen transparent zu machen. Möglich wird dies erst durch das Internet-Monitoring. Die Überwachung der Web-Präsenz schützt das Image eines Unternehmens, gibt eine profunde Markteinschätzung wieder, deckt Informationslöcher oder Missbrauch auf und trägt nicht zuletzt zu besseren Kundenbeziehungen bei.

*Gefährlich: Negative Meinungsmache*

Eine effiziente und sinnvoll umgesetzte Internet-Monitoring-Strategie stellt sozusagen ein Frühwarnsystem für Unternehmen dar. Gerüchte, die im Internet ungleich schneller gestreut werden können, müssen freilich frühzeitig erkannt werden und Strategien für eventuell entstehende Krisen in kurzer Zeit entwickelt werden. Genauso schnell, wie die negativen Informationen verteilt werden, müssen sie auch ausfindig gemacht werden, um von Unternehmensseite entsprechend reagieren zu können. Außerdem gibt es derzeit ungefähr 5.000 Websites, die darauf abzielen, Unternehmen einen direkten Schaden zuzufügen. Solche „Boykott"-Seiten zielen darauf ab, potentielle Käufer zu beeinflussen und eine negative Grundhaltung zu erzeugen. Darüber hinaus gibt es seit einiger Zeit auch spezielle Websites zu finden, die Konsumentenmeinungen bündeln. Ein weiterer wichtiger Punkt ist die Tatsache, dass im In-

*Internet-Monitoring als Frühwarnsystem*

ternet jedermann ohne journalistische Vorkenntnisse Informationen veröffentlichen kann.

Eine Kontrolle über Unternehmensinformationen im Netz gestaltet sich offensichtlich schwierig, denn die Anzahl an Online-Redakteuren ist enorm. Diese erschwerte Auswertung kann nur durch Internet-Monitoring geleistet werden. Entsprechende Suchmaschinen stöbern im Netz nach Datenbanken, die Hunderte von Beschwerden über Unternehmen und Produkte enthalten. Ohne Zweifel können diese Websites den Käufer manipulieren und seine Einstellung in gewisse Richtungen lenken. Deshalb ist es insbesondere wichtig, diese Seiten genau zu beleuchten und im Auge zu behalten. In den USA gehören Internet-Überwachungsdienste längst zu einer wichtigen Dienstleistung. Anbieter wie Netcurrents.com oder Netalerts.com haben spezielle Software-Programme zur Messung der Web-Präsenz entwickelt.

*Performante Suchmaschinen stellen Grundlage dar*

Vor allem unabhängige Tests, Konsumenteneinschätzungen und andere verwertbare Background-Informationen über Produkte und deren Funktionalitäten werden von Anwendern zur Kaufentscheidung herangezogen. Schließlich bietet kein anderes Kommunikationsmodell die Möglichkeit, sich mit Gleichgesinnten im Chat auszutauschen oder Preise zu vergleichen, ohne einen Schritt vor die Tür setzen zu müssen. Laut Forrester Research ziehen fast 56% der Internet-Nutzer Konsumenten-Meinungen für ihren Online-Kauf zu Rate. Nicht zuletzt deshalb wurde das Internet auch schnell als das Kernmedium für Marketing-, PR- und E-Commerce-Aktivitäten weltweit entdeckt. Bis vor kurzem hat sich die Überwachung von Image und Reputation von Unternehmen auf die Beobachtung entsprechender Rubriken in den Print-Publikationen beschränkt. Diese konzentrierten sich meistens auf relevante Zielgruppen und waren daher noch einigermaßen überschaubar.

Im Internet gibt es mittlerweile jedoch Millionen von Websites, die Produkt- oder Markteinschätzungen vornehmen oder Kritik üben. Diese Informationen sind für weit über 100 Millionen vernetzte Anwender zugänglich. Die unternehmensinterne Überwachung des Internets mittels Suchmaschinen ist jedoch wenig effizient. Der arbeits- und zeitintensive Aufwand steht in keiner Relation zum Ergebnis. Außerdem sind Suchmaschinen, die zur Überwachung herangezogen werden können, in ihrer Leistung beschränkt und ermöglichen nur eine quantitative Auswertung. Der Kunde hat hier noch keine Aussage über die Qualität seiner Web-Präsenz.

Beim Internet-Monitoring werden spezifische Informationen aus den Medien und den Meinungs-Plattformen herausfiltriert und dienen anschließend als Grundlagen zur Analyse oder Wettbewerbsbeobachtung. Automatisierte Monitoring-Services vereinen die erhaltenen Attribute der Suchmaschinen und Newsgroups mit den klassischen Clipping-Werkzeugen zu einem zeitsparenden und effizienten Informations-Tool. Bei der Auswahl des richtigen Monitoring-Partners gibt es unterschiedliche Kriterien zu beachten: Selektivität, die Anzahl der beobachteten Medien, der Grad der Automation, Suchfrequenz und -intensität, Komplexität der Suchdefinitionen, das Clipping-Management-System, Kundenservice und natürlich das Preis-Leistungs-Verhältnis.

Grundsätzlich benötigen alle Marketing- und Vertriebsabteilungen eine möglichst exakte Evaluierung ihrer Aktivitäten. Bis dato waren diese Abteilungen in einem Unternehmen lange und intensiv damit beschäftigt, sich diese Informationen selbst zusammenzutragen und in Eigenregie auszuwerten – ein zeit- und kostenintensiver Vorgang. Internet-Monitoring, das in der Lage ist ‚neben den quantitativen Gesichtspunkten auch qualitative Aussagen zur Online-Präsenz eines Unternehmens vorzunehmen, kann Managern und Geschäftsführern zur strategischen Entscheidungsfindung dienen. Die gewonnenen Daten geben einen Überblick über die Stellung am Markt, den Mitbewerb sowie wertvolle Informationen über Trends und Entwicklungen.

*Quantitative Evaluierung reicht nicht aus*

Zusammenfassend lässt sich sagen, dass die ökonomische Erfolgskontrolle, mit Ausnahme der Nutzenformel nach Bogner, im Sinne einer Wirtschaftlichkeitskontrolle der PR-Maßnahmen dann Sinn macht, wenn sie als interne Argumentationshilfe dienen soll. Es ist unter Umständen sinnvoll, die Wirtschaftlichkeit einer PR-Maßnahme mit Hilfe der Kosten-Nutzen-Analyse zu ermitteln, denn nur so lässt sich erkennen, ob die eingesetzten finanziellen Mittel für Öffentlichkeitsarbeit auch unter ökonomischen Gesichtspunkten ihr Ziel, z. B. einen Kontakt zu den Zielpersonen herzustellen, sinnvoll erreicht haben. Sind z. B. die Kontaktkosten einer bestimmten Maßnahme um ein vielfaches höher als bei einer vergleichbaren anderen PR-Maßnahme, so lassen sich daraus Konsequenzen für den zukünftigen, nochmaligen Einsatz ableiten, d.h. diese nämlich zu senken oder eine andere PR-Maßnahme statt dessen durchzuführen.

*Medienanalyse: schnell und kostengünstig*

Im Kontext der Reputationsanalyse bietet die Medienanalyse einen entscheidenden Vorteil im Vergleich zur Marktforschung: Sie ist schneller umsetzbar und kostengünstiger. Allerdings gestaltet sich eine zielgruppenspezifische Analyse sehr schwierig. Das Reputationsmanagement geht bei der Medienanalyse davon aus, dass die Presseorgane auch die allgemeine Stimmungslage der Anspruchsgruppen repräsentieren. Sie kann also nur einen ersten Eindruck übermitteln und ist keineswegs fundiert aussagekräftig.

Die Marktforschung gibt ein genaueres und stichhaltigeres Bild, vor allem wenn es um die Analyse bestimmter Fragen und Problemstellungen geht.

## 4.3
## Marktforschung

**Hagedorn**

*Wie viele rühmen sich der Tugenden und Gaben, die sie doch nicht erhalten haben!*

Im Gegensatz zur Medienanalyse, stellt die Marktanalyse ein profundes Werkzeug zur Ermittlung der Reputation dar. Die Daten, die über die Medienanalyse generiert werden sind statisch und nicht beeinflussbar. Innerhalb der Marktforschung hat ein Auftraggeber jedoch die Möglichkeit bedarfsgerecht und ergebnisorientiert an Informationen zu gelangen, die er nach seinem entsprechenden Vorgaben vordefinieren kann.

**Aufgaben der Marktforschung:**

- Selektieren
- Strukturieren
- Intelligenz verstärken
- Innovieren
- Unsicherheit reduzieren
- Frühzeitig warnen

Die Marktforschung bietet seit jeher das probateste Mittel, Kundenzufriedenheit, marktliche Tendenzen oder Meinungen zu bestimmten Produkten bei den Stakeholdern zu eruieren – und zwar direkt und unverblümt. Mit den neuen Kommunikationsmitteln haben sich auch die Möglichkeiten in der Marktforschung massiv verändert. Durch das Internet wurde der Aufwand für Befragungen, die bis dato via Telefon oder auf der Straße getätigt werden mussten, relativiert und der Faktor Zeit optimiert. Marktforschungen sind nämlich zweifelsohne äußerst aufwendig, sowohl was Ressourcen als auch Kosten anbelangt.

**Die Marktforschung unterscheidet zwischen unterschiedlichen Befragungsmedien:**

- Schriftliche Befragung
- Telefonische Befragung
- Face-to-face-Befragung
- Online-Befragung

„Eine der wichtigsten Aufgaben im Unternehmen ist das treffen von Entscheidungen. Entscheidungen, die getroffen werden müssen, um die Existenz des Unternehmens langfristig zu sichern, notwendige Ziele zu identifizieren sowie strategische und operative Maßnahmen anzustoßen. Dabei versteht es sich, dass diese wichtigen Entscheidungen nicht auf hellseherischen Fähigkeiten beruhen sollten, was vielleicht gerade Spielernaturen irritieren dürfte. Für die beschriebene Aufgabe müssen im Gegenteil Informationen gewonnen und kommuniziert werden." *(Danneberg/Barthel, S. 15)*

Wir haben bereits mehrfach erwähnt wie wichtig und essentiell Informationen und die Datengewinnung für Managemententscheidungen sind. Das Fundament muss stimmen, um ein solides und stabiles Haus zu bauen. Ist das Fundament schlecht, wird auch das Haus nicht lange Bestand haben. Informationen sind also das Fundament für strategische Entscheidungsprozesse innerhalb eines Unternehmens.

**Kernsatz**

◆ **Marktinformationen können für Entscheider auf unterschiedliche Weise einen entsprechenden Nutzen bringen:**

- als Zeitvorsprung durch schnelle Verarbeitung der erhaltenen Informationen und entsprechendes Handeln bei immer kürzer werdenden Produktlebenszyklen
- als Innovationsantrieb durch gezieltes Beobachten der Technologieentwicklung und Patentrecherchen sowie durch konse-

quentes Ausnutzen der sich bietenden Marktnischen und Umweltveränderungen
- als Wettbewerbsvorteil durch bewusstes Abheben des eigenen unternehmerischen Erscheinungsbildes und durch Differenzierung der Produkte beziehungsweise Dienstleistungen in Gestaltung und Eigenschaften gegenüber den Konkurrenten
- als Kundenvorteil durch gezielte Kundenorientierung
- als Motivation der Mitarbeiter, die durch Beteiligung an marktorientierten Entscheidungen zu „Mitunternehmen" werden

Hingegen verschlechtern ungenügende Marktkenntnisse sowie zu langsames Reagieren auf Marktveränderungen bei Unternehmen die eigene Wettbewerbsposition und verursachen nicht selten Umsatzeinbußen. Informationen bilden somit ein wichtiges Element für die Steuerung des Unternehmensgeschehens, das aus einer Vielzahl interdependenten Aktivitäten besteht. Gleichzeitig helfen sie, Unternehmensentscheidungen vor internen und externen Anspruchsgruppen wie etwa Aktionären oder Vorgesetzten zu rechtfertigen *(Danneberg/Barthel, S. 16)*.

*Marktforschung ist differenzierter*

Auch im Kontext der Reputationsgrad-Ermittlung stellt die Marktforschung eine sinnvolle Annäherung dar. Sie bietet zwar keine Analyse in Echtzeit, bietet jedoch eine wesentlich differenziertere Annäherung an vom Unternehmen definierte Themenkomplexe. Im nächsten Kapitel werden wir Instrumente vorstellen, die sich von der Methodik sowohl an die Medienanalyse als auch and die Marktforschung anlehnen. Für die Ermittlung der Reputation ist neben der simplen quantitativen Methode, vor allem die Ermittlung der qualitativen Bewertungsmaßstäbe von nicht zu unterschätzender Wichtigkeit.

In diesem Zusammenhang definieren Danneberg und Barthel vor allem folgende Bereiche:

- *Nützlichkeit:* Im Allgemeinen bewertet man die zu untersuchenden Informationen danach, wie nützlich das dadurch gewonnene Wissen für den Empfänger ist. Wie hoch dieser wert im einzelnen ist, soll Gegenstand des ökonomischen Bewertungsmaßstabs sein.

- *Wahrheit:* Benutzt man Informationen als Entscheidungsgrundlage, ist es erforderlich, dass die zugrunde liegenden Informationen dem tatsächlichen Sachverhalt entsprechen. Nur so sind richtige Entscheidungen gewährleistet. Einige Fakten sind sicher schnell überprüfbar, aber ein Großteil der Angaben lässt sich kaum oder gar nicht verifizieren. So bleibt dem Entscheidungsträger nur, auf die Glaubwürdigkeit der Informationsquelle zu vertrauen. Deshalb sollte man sehr genau abwägen, auf welche Informationen man seine Entscheidungen stützt. In diesem Zusammenhang ist ein weiterer Aspekt von Bedeutung: Zutreffende Informationen im engeren Sinne können nur Tatsachen sein, also Ereignisse der Vergangenheit und der Gegenwart. Entscheidungen haben aber Zukunftscharakter, müssen also Zukünftiges möglichst genau prognostizieren. Zutreffendes Wissen wird also ersetzt durch Erwartungen, das heißt Wahrscheinlichkeitsannahmen oder (begründete) Vermutungen. Durch zusätzliche Informationen über künftige Entwicklungen kann zwar die Unsicherheit reduziert, aber nie vollständig beseitigt werden. Das wohl gravierendste Problem der Unternehmensführung stellen unsichere Erwartungen dar, die mit zukunftsorientierten Entscheidungen verbunden sind.

*Bezugsquellen der Informationen für Interpretation entscheidend*

- *Aktualität:* Informationen sind üblicherweise umso wertvoller, je aktueller sie sind. Zum Teil ist es sogar sinnlos, auf ältere Informationen zurückzugreifen; nämlich dann, wenn es inzwischen Veränderungen auf dem zu untersuchenden Sektor gegeben hat. Besonders wichtig sind aktuelle Informationen dort, wo auf kurzfristige Veränderungen auch schnellstmöglich reagiert werden muss, wie beispielsweise in dynamischen Märkten, bei operativen Preisentscheidungen oder im Bereich des Krisenmanagements. Man kann also verallgemeinernd festhalten, dass der bedarf an aktuellen Informationen umso größer wird, je schneller sich in den Märkten Aktion und Reaktion abwechseln. Daraus resultiert auch der erhöhte Druck auf die Marktforschungsinstitute, ihre Ergebnisse schneller bereitzustellen.

- *Vollständigkeit:* Die Forderung nach Vollständigkeit der Informationen ist unschwer einzusehen. Die Informationsbasis ist unvollständig, wenn entscheidungsrelevantes Wissen fehlt. Die Bewertung der Vollständigkeit erfolgt subjektiv durch den Entscheidungsträger. Dabei ist vor allem von Bedeutung, dass keine entscheidenden Aspekte vernachlässigt werden. Unterteilt man die vorliegenden Informationen in wichtige und weniger wichtige, so ist es möglich, unter Umständen auf die weniger wichtigen Informationen zu Lasten der Vollständigkeit zu verzichten, um ein ausgewogenes Kosten-Nutzen-Verhältnis zu bewahren.

*(Danneberg/Barthel, S. 22)*

Neben der klassischen Marktforschung und -analyse fließen noch weitere differenzierte Methoden in die Gesamtbetrachtung der Ermittlung des Status Quo in Bezug auf die Unternehmensreputation eine Rolle.

*Morphologische Marktanalyse*

Beispielhaft sei hier die *Morphologische Marktanalyse* skizziert. Die Kommunikationsagentur Ahrens & Bimboese mit Sitz in Frankfurt, München und Berlin ist in diesem Zusammenhang führend in Deutschland.

*Ziel:* Vollständige Bilder unbewusster Sichtweisen, Motivationen und Entscheidungsprozesse zu analysieren, die für den Umgang der Verbraucher mit Konsumgütern und Medien in ihrer Alltagskultur spezifisch sind.

*Praxis:* In zweistündigen Gruppen- und Einzelexplorationen werden oft unbewusste seelische Wirksamkeiten und Einflussfaktoren aufgedeckt, welche das Verhalten der Verbraucher bestimmen. Geführt werden psychologische Tiefeninterviews und zwar solange, bis die wirksamen motivkomplexe und Einflussfaktoren vollständig repräsentiert sind.

*Vorteile:* Große Erkenntnistiefe; Verständnis von Funktionsprinzipien, Wirkungsweisen von Produkten; Aufdeckung von Vorstellungsbildern; Klärung der Motivation von Wahrnehmungsfaktoren; Bereitstellung von tiefenpsychologisch fundierten Entscheidungsgrundlagen für marktrelevante Strategien.

Im Hinblick auf die Untersuchung der Unternehmensreputation, möchte ich an dieser Stelle auf eine Marktstudie hinweisen, in der ungefähr 400 Personen in Deutschland in Abständen von jeweils zwei Jahren nach den Wahrnehmungsgründen in Bezug auf Unternehmen befragt wurden. Die Ergebnisse wurden im Rahmen der Studie Dialoge 4 (einer repräsentativen Studie des Stern aus dem Jahre 1994, an welcher der Lehrstuhl Marketing II, Universität Hannover, den Prof. Dr. Klaus-Peter Wiedmann leitet, mitgewirkt hat) festgestellt (siehe Abbildung 35). Auf die Frage, welche Informa-

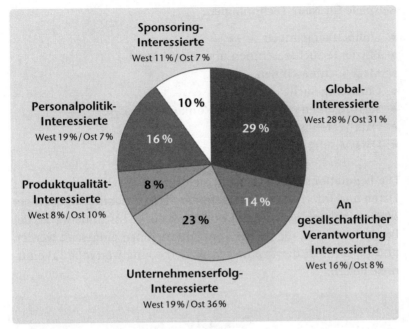

Abbildung 35: Typologie: Unternehmensbezogenes Informationsinteresse – Welche Informationen sind wichtig, um ein Unternehmen als „gut" einstufen zu können (Ergebnisse der Studie Dialoge 4, 1994)

tionen man haben müsste, um entscheiden zu können, ob es sich in einem bestimmten Fall um ein „gutes Unternehmen" handelt, stellte eine breite Mehrheit etwa auf folgende Aspekte ab: „hat ein menschliches, freundliches Betriebsklima, tut viel für die Aus- und Weiterbildung, ist auf hochwertige Qualität bedacht und bemüht sich besonders um seine Kunden" Diese Ergebnisse lassen zunächst mit aller Vorsicht auf gewisse Ähnlichkeiten in der Einschätzung der US-Bürger und der deutschen Bevölkerung schließen.

Die Marktforschung kann je nach Aufwand, Definition der Fragenkomplexe sowie der Quantität der zu Befragenden, ein äußerst differenziertes Bild ergeben. Ein gewichtiger Faktor ist in diesem Zusammenhang immer die Repräsentativität einer Befragung. Um entsprechend stichhaltige und profunde Aussagen zu erhalten, muss eine bestimmte Menge an Personen befragt werden. Dies ist stets mit einem hohen Aufwand und Kostenfaktor verbunden. Die neuen Technologien bieten jedoch auch neue Möglichkeiten in der Marktforschung.

**Beispiele für Neue Technologien:**

- Online-Befragungen
- Effiziente Suchmaschinen über das Internet
- Meta-Suchmaschinen
- Clustering-Suche
- Such-Agenten (vor allem zur Konkurrenzanalyse)
- Data-Warehousing
- Data-Mining

Die Reputationsanalyse bedient sich derzeit bei der Erhebung der Daten und Informationen sowohl der Marktforschung als auch der Medienanalyse. Nachfolgend wollen wir einige Instrumente aus der Praxis vorstellen, die bereits von Unternehmen eingesetzt werden und im Kontext der Reputationsgraderhebung wertvolle Erkenntnisse liefern.

## 4.4
## Instrumente aus der Praxis

*Smiles*

*Der Müßiggang, nicht die Arbeit
ist der Fluch der Menschen.*

Leider bedienen sich nur wenige Unternehmen gängiger Instrumente aus der Praxis, um ihre Reputation zu messen und zu verwalten. Zum Zweck der Evaluation gibt es unterschiedliche Lösungsansätze und Methoden. Sie erheben den Anspruch skalierbare Techniken im Kontext der Reputationsanalyse aufzuzeigen. Oft unterscheiden sich diese Instrumente nur marginal. Sämtliche Ansätze bieten jedoch nur Lösungen bis zum Punkt der Datenerhebung und Informationsgewinnung. Das heißt, dass im Kontext der Interpretation und der entsprechenden Managementansätze immer noch deutliche Defizite zu verzeichnen sind. Mittel- und langfristig müssen die mittels der eingesetzten Instrumente gewonnenen Daten jedoch als Grundlage für strategische Managementprozesse dienen. Denkbar wäre beispielsweise eine Einbindung in das Balance Scorecard System, das von Robert S. Kaplan und David P. Norton entwickelt wurde und die Zielwerte eines Unternehmens auf ein notwendiges Maß reduzieren. Das wäre sicher ein geeigneter Weg

*Daten als Grundlage für strategische Managementprozesse*

auch den Top-Manager in den Prozess des Reputationsmanagements mit einzubinden. Dieser Einbezug wäre aus einem anderen Grund wünschenswert: Von 2005 an rücken immaterielle Werte wie Image, Markenwert oder Reputation gemäß der International Accounting Standards (IAS) in den Mittelpunkt finanzwirtschaftlicher Betrachtungen.

Das gemeinsame Ziel der Protagonisten aus der Forschung und Wissenschaft auf der einen und der Wirtschaft auf der anderen Seite ist die Erarbeitung eines empirischen und standardisierten Werkzeuges, das in der Lage ist, die ermittelten Kennzahlen in eine monetäre Relation zu bringen. Diese Entwicklung wird für die moderne betriebswirtschaftliche Unternehmensbewertung in den kommenden Jahren enorme Auswirkungen haben – darüber sind sich nicht nur die Bilanzanalysten sicher. Wirtschaftsprüfer und Unternehmensberater könnten unter der Verwendung derartiger skalierbarer Evaluierungsmethoden weiche Größen wie Markenwert, Unternehmensreputation oder „Share of mind" als finanzielle Größe in der Bilanz beziffern. Was würde das für Großkonzerne bedeuten, die bereits heute eine ausgezeichnete Wahrnehmung am Markt besitzen? Ihr Unternehmen würde in der Wertigkeit zunehmen, Investoren würden sich die Hände reiben und bei Fusionsgeschäften wäre eine eindeutige Bewertung möglich. Auch oder gerade im Hinblick der sich verschärfender Finanzbewertungen, wie zum Beispiel die vieldiskutierten „Basel II"-Beschlüsse, könnten die Finanzdienstleister völlig neue Erkenntnisse über den Wert eines Unternehmens gewinnen. Ein erstelltes Ranking wäre sehr viel differenzierter und aussagekräftiger.

*Herausforderung: Ermittlung des monetären Wertes von Reputation*

Die wichtigsten Instrumente der praxisbezogenen Reputationsforschung en Detail aufzuzählen würde an dieser Stelle sicherlich den Rahmen sprengen. Wie bereits kristallisieren sich zwei Kategorien heraus, die in der Praxis Einsatz finden: Marktforschung und Medienanalyse. Ich stelle die wichtigsten Instrumente aus den beiden Kategorien kurz vor.

### 4.4.1
### Reputation Quotient (RQ) – Marktforschungsinstrument

Der RQ®, entwickelt vom Reputation Institute (www.reputation-institute.com) und dem Marktforschungsunternehmen Harris Interactive, wurde bereits stellt ein empirisch anerkanntes und standar-

*RQ – das kompetitivste Instrument im Kontext des Reputationsmanagements*

disiertes Messkonzept dar, das bereits häufig in der Praxis Anwendung findet. Der Reputation Quotient ist derzeit das einzige Instrument weltweit, das in der Lage ist, sämtliche Stakeholdergruppen im Kontext der Unternehmensreputation zu berücksichtigen.

Darüber hinaus fokussiert der RQ nicht nur das Ranking sondern beleuchtet vielmehr, warum und wieso Unternehmen über eine bestimmte Reputation verfügt. Das Instrument bietet dem Anwender also nicht nur nackte Zahlen und Daten, sondern bietet Maßnahmen an, welche Stelleschrauben zur einer Verbesserung in der Reputationsbewertung führen. Als wichtiges Element einer tragfähigen Informationsbasis wird dabei im Wege verschiedener Studien eine Datenbank aufgebaut, in der die Ergebnisse einzelner Studien gebündelt werden, um für Vergleichsbetrachtungen (Benchmarkstudien) zur Verfügung zu stehen. Die Konzeption des RQ® sowie des Erhebungsdesigns sind in umfassenden, wissenschaftlich geleiteten Studien fundiert und münden in ein Messinstrument, das in der Praxis seine Leistungsfähigkeit bereits vielfach unter Beweis stellen konnte

Der RQ® ist so konstruiert, dass sich aus einer differenzierten multivariaten Datenanalyse wichtige Gestaltungshinweise für die gesamte Unternehmenskommunikation, die Positionierungsstrategie, Strategien der Bildung von Unternehmensmarken etc. gewinnen lassen. In Umfragen werden die einzelnen Anspruchsgruppen gebeten, Unternehmen anhand von 20 Kriterien zu beurteilen, die zu 6 Kerndimensionen verdichtet werden. Diese Dimensionen stel-

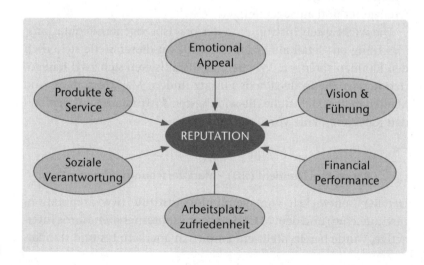

Abbildung 36:
**6 Kerndimensionen des RQ**

len das Kernstück für die Bewertung der Unternehmensreputation dar (siehe Abbildung 36).

Der Reputation Quotient bietet mit Sicherheit das profundeste Messinstrument. Es bezieht alle Anspruchsgruppen in die Betrachtung mit ein und gibt dem Manager einen detaillierten Einblick in seine Außenwahrnehmung.

Für einen kurzfristigen Betrachtungszeitraum scheint mir der RQ aber ungeeignet. Es ist ein Instrument der Marktanalyse, was bedeutet, dass es zeitaufwendig und kostenintensiv ist. Der RQ ist daher vor allem für große Unternehmen zu empfehlen.

### 4.4.2
### Market 360 – Eine „Market-Intelligence"-Lösung

Die Marktanalyse ist unverzichtbar, wenn es darum geht, qualitativ in die Tiefe zu gehen und detaillierte Ergebnisse zu erhalten. Wie ich aber bereits öfters erwähnt habe, kann sie unter Umständen sehr augwendig und kostenintensiv sein. Im Kontext des Reputationsmanagements gibt es jedoch noch weitere kritische Aspekte, warum sich der Einsatz der Marktanalyse nicht immer als sinnvoll erweist. Als Krisenpräventionsinstrument beispielsweise eignet sich die zeitintensive Marktanalyse nur bedingt. Der Zyklus zwischen Erhebung der Daten bis hin zur Auswertung kann unter Umständen viel zu lange dauern.

Sich Internet-basierter Technologien zu bedienen scheint also sinnvoll. Im Internet können Informationen in Echtzeit gewonnen werden. Ferner sind alle Stakeholdergruppen auch im Internet vertreten. Ich weise zum Beispiel noch einmal auf Newsgroups, Chats oder Message Boards hin. Im Internet hat der Verbraucher unmittelbare Möglichkeiten, seine Meinungen zu äußern oder gar andere Mitstreiter für seine Sache zu bündeln – länderübergreifend und unabhängig von Zeit.

*Sinnvoll: Einsatz Internet-basierter Instrumente*

Ein performantes Internet-Monitoring Instrument einzusetzen liegt also nahe, wenn der Anwender in möglichst schneller Zeit einen ersten Einblick oder erste Tendenzen erhalten möchte. Der Einsatz von sogenannten „Market-Intelligence"-Lösungen bieten dem Manager sozusagen eine erste Hochrechnung seiner Reputation. „Market-Intelligence" baut auf einem analytischen Ansatz auf, der Anwendungen zur faktischen Messung der Resonanz (Quantität) mit einer entsprechenden Analyse (Qualität) vereint. Die „Market-

Intelligence"-Analyse bietet einen breitgefächerten Nutzen und weit mehr Einsatzmöglichkeiten als ein klassisches Tool zur Medienanalyse. Sie kann als Grundlage strategischer Unternehmensentscheidungen dienen. Die Analysen können individuell und flexibel aufgebaut werden. Unternehmen können beispielsweise Rückschlüsse darüber erfahren, wie effizient die Kernbotschaften von der Zielgruppe aufgenommen werden. Oder sie vergleichen ihre wöchentliche Präsenz in den Medien mit der Konkurrenz und analysieren dabei, ob die Berichterstattung eher positiv oder negativ war. Auch für den Einsatz zur Krisenprävention eignen sich „Market-Intelligence"-Lösungen hervorragend. Sie sind in der Lage den Verbraucher zu observieren und ermöglichen eine zeitnahe und schnelle Reaktion auf aufkommende Issues.

*Kernsatz*

♦ **Die Methode der analytischen Medienauswertung basiert auf drei Säulen**

- *Volume* of Coverage
- *Tone* of Coverage
- *Impact* of Coverage

Das von „Biz360" (www.biz360) in den Vereinigten Staaten entwickelte Produkt *Market360* ist eine solche „Market-Intelligence"-Lösung. Das Konzept fußt auf der Reflektion der Medienlandschaft sowie diverser Informationen aus dem Internet – ausgehend davon, dass die Medien die Meinungen der Stakeholder widerspiegeln. Zentrales Analysemedium von *Market 360* sind also die Presseorgane. Das Instrument richtet sich daher auch vor allem an Entscheider aus den Bereichen Marketing und Kommunikation. Also dort wo ein gewisses Verständnis für Medien vorherrscht.

*Vorteil: Einbezug von Printmedien*

Je nach Wunsch des Klienten können umfassende Analysen sowohl für vordefinierte Kernmedien als auch für die breite Medienlandschaft ausgeführt werden. Über strategische Partnerschaften mit den US-amerikanischen Firmen „Thomson" und „Factiva" ist neben dem Internet-Monitoring auch eine Messung der Medienpräsenz in Print-Publikationen möglich. Diese Firmen tracken die Printmedien und übertragen die Berichte in elektronische Formate, so dass die Software von *Market360* in der Lage ist, breitere Informationen und hier vor allen Dingen die überaus wichtige Printmedienlandschaft in die quantitative Evaluierung mit einzubeziehen.

Im Vergleich zu klassischen Dienstleistern, welche die Medienresonanz evaluieren, bietet Market360 drei zentrale Vorteile:

Zum einen geht die Ermittlung einer positiven oder negativen Tendenz sowie der Prominenz eines Abdrucks in den Medien weit über die simple Erfassung der Anzahl der Medienpräsenz hinaus. Zum anderen bietet Market360 ist Möglichkeit der Unterscheidung zwischen „Resonanz" und „Resultat". In technischer Hinsicht bietet Market360 den wichtigen Vorteil der Interoperabilität. Market360 ist nämlich kompatibel mit bestehenden Software-Lösungen und lässt sich damit problemlos in bestehende Backend-Systeme einbinden. Damit wird auch eine Kopplung mit diversen Datenbanken mittels vorprogrammierter Schnittstellen auf einfache Art und Weise möglich.

Market360 wird heute bereits von namhaften Organisationen wie Harley Davidson, SUN Microsystems, Oracle oder Cirque du Soleil eingesetzt. Mehr Informationen erhalten Sie unter www.biz360.com.

# 5.
# Vorsprung durch Reputation?

◆

> *Ich halte die Selbstkenntnis für*
> *schwierig und selten, die Selbsttäuschung dagegen*
> *für sehr leicht und gewöhnlich.*
>
> **Werner von Humboldt**

Ähnlich wie von Humboldt es sieht, sollten nicht nur Personen sondern auch Unternehmen nach ihrer Selbstkenntnis streben und sich durch eine gründliche Reflektion selbst definieren. Dazu gehört vor allem die Summe aller Wahrnehmungen, die von außen und innen auf ein Unternehmen einwirken.

Ich konnte Ihnen hoffentlich auf einer kleinen Reise zu einem differenzierten Verständnis für das Wertemanagement weicher Größen einige Grundlagen vermitteln und Sie für ein Thema sensibilisieren, das in naher Zukunft in der strategischen Unternehmensführung eine zentrale Rolle einnehmen wird.

Wenn ich insbesondere noch einmal auf das Kapitel über den Nutzen verweisen darf, so kann eine positive Reputation durchaus über den Gewinn eines Projekts oder über Kaufverhalten entscheiden. Unternehmen, die seit Jahren über eine gefestigte Reputation verfügen werden mir bestätigen, dass ihr Ruf den Schlüssel für ihren Erfolg darstellt. Wolfgang Dötz, Vice President für Corporate Brand & Design beim Weltkonzern Siemens hat treffend erkannt: „Die Marke Siemens ist einer unserer kostbarsten Vermögenswerte. Professionelle Markenführung macht unsere Kommunikation mit Kunden, Aktionären, Mitarbeitern sowie der Öffentlichkeit effizienter. Zugleich unterstützt sie erfolgreiche Geschäfte auch oder gerade in schwierigen Zeiten."

*Reputation ist eine strategische Unternehmensgröße*

Auch in Teildisziplinen wird Reputationsmanagement in Zukunft einen wichtigen Teil einnehmen. Derzeit wird zum Beispiel kontrovers diskutiert, welche Technologien im Kontext der Informationssicherheit eingesetzt werden sollen. Viele Protagonisten reduzieren in diesem Zusammenhang Informationssicherheit auf IT-Sicherheit und fokussieren damit bei der Erstellung unternehmensweiter Policies auf den Einsatz geeigneter Technologien. Wenn jedoch in einem großen Unternehmen das IT-System mit allen Applikationen, welche die täglichen Geschäftsprozesse regulieren, abstürzt sind die Folgen enorm. Eine Organisation, der die Telekommunikationsanlage ausfällt und damit auch sämtliche Call-Center mit entsprechenden Hotlines, kann in kürzester Zeit in eine mittlere Katastrophe geraten. In wenigen Tagen, gar Stunden kann eine mühsam erarbeitete Reputation vom Winde verwehen. Der Kunde hat leider nun mal eine ganz kleine Toleranzspanne.

*Aufbau von Reputation ist kein Zuckerschlecken*

Der Aufbau einer gefestigten Reputation kann Jahre dauern. Der Verlust derselbigen jedoch in Minuten geschehen. Daher schlagen nicht wenige Experten vor, in ein integriertes Informationssicherheitskonzept auch kommunikative Elemente mit einzubeziehen. In einer Krise spielt eine effiziente Kommunikation nämlich die entscheidende Rolle. Technische Komponenten können in der heutigen Zeit schnell repariert werden – der gute Ruf eines Unternehmens jedoch nicht. Ich gehe an der Stelle noch weiter und behaupte, dass es nicht ausreicht, kommunikative Elemente in die Betrachtung der Informationssicherheit zu berücksichtigen. Vielmehr muss in Zukunft das gesamte Spektrum des Reputationsmanagements miteinbezogen werden.

Anhand des Beispiels zum Thema Informationssicherheit, sieht man, dass in einigen Bereichen Reputationsmanagement, zumindest teilweise, schon Einhalt hat – oder aber bald haben wird. Ziel muss es aber sein, eine breites Bewusstsein für die Disziplin zu schaffen. Wie überall ist auch die Entwicklung bestimmter Standards eine Voraussetzung für einen geregelten Einsatz eines balancierten Reputationsmanagements. Unternehmen werden nach und nach beginnen, Instrumente zur Evaluierung weicher Größen einzusetzen und aufgrund der erhaltenen Ergebnisse Stellschrauben drehen, die eine Verbesserung seiner Außenwahrnehmung nach sich ziehen. Standardisierte Instrumente werden diese Prozesse erleichtern.

*Wichtig: Standardisierte Messverfahren*

Und wer erkannt hat, dass der Einsatz derartiger Lösungen darstellt kann mittel- und langfristig – unter Umständen auch in kürzeren Zyklen – einen nachweisbaren KKV erhalten – einen komparativen Konkurrenzvorteil. Zögern Sie also nicht und denken Sie über Ihre Reputation nach. Nichts ist so wertvoll wie ein guter Ruf.

# Literaturverzeichnis

*Bearns, Barbara:* PR-Erfolgskontrolle, IMK Verlagsgruppe FAZ, 1995
*Crisssy, William J.:* Image: What is it?, MSU Business Topics, 1972
*de Chernatony, Leslie:* From brand vision to brand evaluation, Butterworth Heinemann, 2001
*Danneberg, Marius* und *Barthel, Sascha:* Effiziente Marktforschung, Galileo Press, 2002
*Dowling, Grahame:* Creating Corporate Reputations, Oxford University Press, 2001
*Fombrun, Charles:* Reputation: Realizing value from the corporate image, Harvard Business School Press, 1996
*Fombrun, Charles* und *van Riel, Cees:* Fame & Fortune – How successful companies build winning reputations, Financial Times Prentice Hall, 2004
*Fombrun, Charles, Gardberg, N.A.* und *Sever, J.M.:* The Reputation Quotient: A Multi-Stakeholder Measure of Corporate Reputation, Journal of Brand Management, 2000
*Haedrich, Günther:* in PR-Erfolgskontrolle, Barbara Baerns (Hg.), IMK Verlagsgruppe FAZ, 1995
*Herrmann-Pillath, Carsten* und *Lies, Jens J.:* in Stakeholderorientierung als Management sozialen Kapitals in unternehmensbezogenen Netzwerken, Wittener Diskussionspapiere, Heft 84, Juli 2001
*Kasper, Helmut:* Organisationskultur. Über den Stand der Forschung, Wien, 1987
*Landsch, Marlene:* in PR-Erfolgskontrolle, Barbara Baerns (Hg.), IMK Verlagsgruppe FAZ, 1995
*Mülle, Jürgen:* in „Lexikon der Public Relations", Dieter Pflaum und Wolfgang Pieper, Verlag Moderne Industrie, 1993
*Pümpin, Cuno Beat:* Management strategischer Erfolgspositionen, Bern, 1986
*Röttger, Ulrike:* Issues Managament, Westdeutscher Verlag, 2001
*Yaker, D.:* Managing Brand Equity, New York: The Free Press, 1991

**Sonstige Quellen:**

*Marketing Management,* Zeitschrift für Betriebswirtschaft, Gabler Verlag, 2002

*PR-Evaluation,* Deutsche Public Relations Gesellschaft DPRG, 2001

# Wichtige Quellen

**Reputation: Realizing value from the corporate image**, Charles Fombrun, Harvard Business School Press (1996)

**Creating Corporate Reputations**, Grahame Dowling, Oxford University Press (2001)

**From brand vision to brand evaluation**, Leslie de Chernatony, Butterworth Heinemann (2001)

**Effiziente Marktforschung**, Marius Danneberg, Sascha Barthel, Galileo Business (2002)

**PR-Erfolgskontrolle**, Barbara Bearns, IMK Verlagsgruppe FAZ (1995)

**Issues Managament**, Ulrike Röttger, Westdeutscher Verlag (2001)

**Marketing Management**, Zeitschrift für Betriebswirtschaft, Gabler Verlag (2002)

**PR-Evaluation**, DPRG (2001)

Grafiken und Beispiele – mit freundlicher Unterstützung von

**Reputation Institute**
**Biz 360**
**Hass Associates**

# Der Autor

◆

**Manuel Hüttl** (Geschäftsführer Billo pr GmbH)

Bereits im Rahmen seines Studiums der Volkswirtschaftslehre und Politikwissenschaften belegte Manuel Hüttl diverse journalistische Praktika, die seinen Weg in die Kommunikation ebneten.

1996 zeichnete der passionierte Eishockeyspieler und Sportexperte – in seiner Funktion als Marketing Manager – verantwortlich für sämtliche Marketing- und Kommunikationsaktivitäten der „Kaufbeurer Adler" (Profieishockeymannschaft, Deutsche Eishockey Liga). Aus dieser Zeit resultieren auch seine guten Kontakte zu weltweit tätigen Spitzenverbänden. Viele von Manuel Hüttl initiierte Projekte im Bereich Internationales Business Development forcierten zukunftsweisende Entwicklungen und begründeten die Basis für erfolgreiche Kooperationen, Allianzen und Partnerschaften zwischen europäischen und nordamerikanischen Unternehmen und Organisationen.

Nach projektbezogener Tätigkeit im Bereich Marketing und Kommunikation (Marketing-Agentur „Sports & More"), wechselte Manuel Hüttl 1997 als Marketing-, PR- und Business-Development-Manager an das wissenschaftliche Institut für Sport und Bewegung sports:m nach Chemnitz. Er vertrat dort bis 1999 in Personalunion alle zentralen Ressorts des Marketings und der Öffentlichkeitsarbeit. Überdies oblagen ihm auch die Aufgabenfelder Synergien und Seminarorgansiation.

Seit 1999 fungierte er als PR-Berater der Billo pr GmbH, wo er nach wenigen Monaten im Jahr 2000 in die Geschäftsführung berufen wurde. Neben der Betreuung namhafter Kunden aus der Informationstechnologie disponiert er darüber hinaus die strategischen Aufgabenfelder der Agentur.

2002 erhielt Manuel Hüttl erstmals eine Dozentur zu differierenden Themengebieten im Bereich Reputationsmanagement am Lehrstuhl „Kommunikationsmanagement" an der FH Osnabrück, die er seitdem regelmäßig wahrnimmt. Seit Anfang 2004 ist Manuel Hüttl Co-Chairman der RFID Task Force, die von der EICAR (European Institute of Computer Anti-Virus Research) initiiert wurde. Dort hält er direkten Kontakt zu den führenden Herstellern der IT-Industrie sowie zu öffentlichen Institutionen und diversen Bundesministerien.

Manuel Hüttl ist der Verfasser zahlreicher Fach- und Buchartikel für renommierte IT-Medien.

Anschrift: Manuel Hüttl
Bülowstraße 15, 65195 Wiesbaden
Tel.: (01 79) 5 09 74 72
E-Mail: manuelhuettl@web.de

# Wettbewerbsvorteil Einzigartigkeit

## Vom guten zum einzigartigen Unternehmen

Einzigartigkeit führt zu Wettbewerbsvorteilen und zum Erfolg. Sie haben als Führungskraft die Aufgabe und die Verantwortung, Ihr Unternehmen oder Ihren Verantwortungsbereich in die Einzigartigkeit zu führen. Doch wie können Sie diese schwierige Aufgabe bewältigen? Wie gehen Sie mit den an Sie gestellten Anforderungen um?

Dieses Buch zeigt Ihnen klar und verständlich acht zentrale Schritte auf, wie Sie Ihr Unternehmen oder Ihren Verantwortungsbereich erfolgreich in die Einzigartigkeit führen. Leadership- und Kontrollfragen leiten Sie präzise bei der sofortigen Umsetzung der einzelnen Schritte. Merkkarten zum Herausnehmen bieten Ihnen das Wissen des Buches überall stets griffbereit. Damit gelingt es Ihnen, Einzigartigkeit aufzubauen und zu halten. So erreichen Sie die nachhaltige Wertsteigerung Ihres Unternehmens.

**Von Eric Krauthammer und
Hans-H. Hinterhuber**

2., neu bearbeitete Auflage 2005,
150 Seiten, mit zahlreichen
Abbildungen, € 29,80/sfr. 51,–.
ISBN 3 503 08389 8

*Informationen online zum Buch unter:*
*www.ESV.info/3-503-8389-8*

ERICH SCHMIDT VERLAG

Postfach 30 4240 • 10724 Berlin
Fax 030/25 00 85-275
www.ESV.info
E-Mail: ESV@ESVmedien.de

# Mit Sinn zum nachhaltigen Erfolg

## Anleitung zur werte- und wertorienrierten Führung

Die aktuellen Rahmenbedingungen erfordern von Ihnen als Führungskraft oder Mitarbeiter auch leidenschaftliche Professionalität und Menschlichkeit. Der Mensch in seiner ganzheitlichen Kompetenz und ganzen Würde wird zum entscheidenden Werttreiber innovativer, erfolgreicher Unternehmen.

Dieses Buch zeigt Ihnen prägnant und mit Hilfe der angebotenen Führungsinstrumente leicht umsetzbar, wie Sie Ihren Unternehmenswert durch Werteorientierung steigern können. Mit dem Konzept „GEBEN" erfahren Sie Schritt für Schritt, wie Sie eine sinnorientierte, dialogische Vertrauenskultur als Basis für ein hohes Maß an Kundenloyalität, Mitarbeitermotivation, Gesunderhaltung, Lebensqualität und Wertsteigerung lebbar machen können.

**Von Anna Maria Pircher-Friedrich**
2005, 232 Seiten, € 34,90/sfr. 60,–.
ISBN 3 503 08398 7

*Informationen online zum Buch unter:*
*www.ESV.info/3-503-8398-7*

ERICH SCHMIDT VERLAG
Postfach 30 4240 • 10724 Berlin
Fax 030/25 00 85-275
www.ESV.info
E-Mail: ESV@ESVmedien.de